HEYNE<

BARBARA BERCKHAN, geboren 1957, ist Diplom-Pädagogin und arbeitet freiberuflich als Kommunikationstrainerin in Hamburg. Sie ist Autorin erfolgreicher Sachbücher mit einer Gesamtauflage von über 300 000 Exemplaren. Bei Heyne erschienen:

Die etwas intelligentere Art, sich gegen dumme Sprüche zu wehren.
Selbstverteidigung mit Worten

Die erfolgreichere Art (auch Männer) zu überzeugen.
Frauen überwinden ihre Redeangst

Die etwas gelassenere Art sich durchzusetzen.
Ein Selbstbehauptungstraining für Frauen

Barbara Berckhan

So bin ich unverwundbar

→ Sechs Strategien, souverän mit Ärger und Kritik umzugehen

WILHELM HEYNE VERLAG
MÜNCHEN

HEYNE RATGEBER
08/5439

Umwelthinweis:
Dieses Buch wurde auf chlor- und
säurefreiem Papier gedruckt.

Taschenbuchausgabe 1/2004

2. Auflage

Wilhelm Heyne Verlag, München, in der
Verlagsgruppe Random House GmbH
http://www.heyne.de
Copyright © 2000 by Kösel-Verlag GmbH & Co., München
Printed in Germany 2004
Umschlaggestaltung: Eisele Grafik-Design, München
Umschlagfoto: ZEFA/Meyer
Illustrationen: Mathias Hütter, Schwäbisch Gmünd
Satz: Schaber Satz- und Datentechnik, Wels
Druck und Bindung: Ebner & Spiegel, Ulm

ISBN: 3-453-87435-8

Inhalt

Einleitung 9

Sie sind ein lebendiger Schatz 13

Und was denken Sie,
wenn Sie in den Spiegel schauen? 16
»Hallo, hier spricht dein Kritiker« 18
Entdecken Sie Ihren inneren Kritiker 20
Die Geburtsstunde des inneren Kritikers 23
Klare Grenzen und eine kontrollierte Sendezeit 25

→ **Anleitung:**
  So bändigen Sie Ihren inneren Kritiker 26

Selbstsicher auftreten – leicht gemacht 28
Der natürliche Weg zu mehr Selbstvertrauen 30

1. STRATEGIE ZUR UNVERWUNDBARKEIT ... 32
Die Selbstentwertung beenden

Über den Dingen stehen 35

Wenn die ganze Redekunst nichts nützt 37
Wann brauchen Sie ein dickes Fell? 39
Die Kunst, unpersönlich zu sein 43

→ **Anleitung** zum unpersönlichen Zustand 48

Inhalt

So können Sie sich noch besser schützen 51

→ **Anleitung** zum Aufbau Ihres Schutzschildes 52

Innehalten: Nehmen Sie sich eine Auszeit 54

2. STRATEGIE ZUR UNVERWUNDBARKEIT . . . 60
Wie Sie Abstand herstellen und sich schützen können

Frei von Aufregung, Ärger und Sorgen 63

Wenn sich die Vernunft verabschiedet 64
Wie eine emotionale Lawine entsteht 68
So bleiben Sie gelassen 73

→ **Anleitung**
zur Vermeidung von Ärger und Aufregung 74

Sorgen und Grübeln überwinden 76
Tatkraft statt Kopfzerbrechen 77
Sorgen in Sorgfalt verwandeln 79
Die Macht, unsere Gedanken zu lenken 82

→ **Anleitung** zum Abbau von Sorgen 83

3. STRATEGIE ZUR UNVERWUNDBARKEIT . . . 86
So befreien Sie sich von Ärger, Aufregung und Sorgen

So kann Kritik Sie nicht mehr verletzen 89

Woran Sie nützliche Kritik erkennen 91
Verteidigen Sie Ihr Königreich 93
Grenzen Sie Ihr Hoheitsgebiet ab 96
Hilfe annehmen – Einmischung verhindern 97
Kein Wachstum ohne Fehler 98

Vorsicht! Hier kommt der Türmchenzerstörer 101
So leicht kann eine gute Idee blockiert werden 103
Wie Sie den Türmchenzerstörer schachmatt setzen . . 105

4. STRATEGIE ZUR UNVERWUNDBARKEIT . . 108
Mit Kritik selbstsicher fertig werden

Verschaffen Sie sich Respekt 111

Willkommen in der Schlangengrube 112
Wie sich die giftige Kommunikation ausdehnt 114
Schluss mit giftig! 117

→ **Anleitung**
zur Entgiftung einer Schlangengrube 118

Hartnäckig aus der Reihe tanzen 123
Raus aus der Schlangengrube 125

5. STRATEGIE ZUR UNVERWUNDBARKEIT . . 128
Entgiften Sie die Schlangengrube

So machen Sie jeden Angriff wirkungslos 131

Wie Sie auf dumme Bemerkungen
gelassen reagieren können 133
Konflikte klären 140

→ **Anleitung** zur Klärung von Konflikten 141

Von der Problemkiste zur Schatztruhe 143

6. STRATEGIE ZUR UNVERWUNDBARKEIT . . 148
So machen Sie Angriffe wirkungslos

**Anstelle eines Nachwortes:
Pflücken Sie sich einen Stern vom Himmel** 151

Wie sieht Ihr Stern aus? 155

→ **Anleitung** zur Sternsuche 156

Was Sie sich von Herzen wünschen,
ist auch machbar 158
Wie Sie aus der Sackgasse herauskommen 161

→ **Anleitung:** Den Stern greifbarer machen 162

Die Karawane zieht weiter 165

Literatur 167

Einleitung

Die erste Idee für das Thema Unverwundbarkeit kam von einer Künstlerin. Sie war Teilnehmerin an einem Kommunikationstraining, das ich geleitet habe. In dem Training ging es darum, wie man mit schwierigen Menschen gelassen fertig wird. Die Künstlerin konnte von ihren Arbeiten ganz gut leben. Sie fertigte Skulpturen und Collagen an, aber sie hatte ein Problem. Sie bezeichnete sich selbst als ausgesprochen dünnhäutig: »Ich bin ein Sensibelchen. Es reicht, wenn jemand, der sich meine Arbeiten anschaut, nur die Nase rümpft – sofort bin ich abgrundtief gekränkt. Ich nehme alles persönlich, obwohl ich weiß, dass es wahrscheinlich nicht persönlich gemeint war. Eine einzige kritische Bemerkung kann mir die Laune für den ganzen Tag verderben. Wenn dann noch irgendetwas danebengeht, das Auto nicht anspringt oder ich meine Brille wieder mal nicht finde, dann ist bei mir der Ofen ganz aus. Ich rege mich wahnsinnig auf und am Ende könnte ich nur noch weinen. Das geht so weit, dass ich regelrecht arbeitsunfähig werde. Was mir fehlt, ist ein wirklich dickes Fell.« Das leuchtete mir ein. Ich fragte sie: »Woran würden Sie merken, dass Sie ein dickes Fell haben? Was wäre anders?« Sie dachte einen Augenblick nach

> *Sie brauchen ein dickeres Fell, wenn Ihnen Kritik oder Ablehnung unter die Haut geht.*

Einleitung

und sagte: »Ich wäre dann unverwundbar.« Unverwundbar? Was sollte das heißen? Wollte sie eine kochende Suppe mit ihrem nackten Zeigefinger umrühren? Oder sich in einen gefühllosen Eisblock verwandeln? »Was meinen Sie mit unverwundbar?«, fragte ich. Sie antwortete: »Ich möchte, dass mir die Welt nicht so unter die Haut geht. Ich brauche mehr Schutz. Mehr Stärke, um wunderbar sein zu können.« Unverwundbar werden, um wunderbar sein zu können – irgendwie verstand ich, was sie meinte. Sie lachte: »Eigentlich müsste ich in Drachenblut baden. Davon wird man nämlich unverwundbar.«

Unverwundbar sein bedeutet, den wunderbaren Teil der eigenen Seele beschützen zu können.

Nun, vielleicht geht es auch anders, dachte ich damals. Vielleicht können wir unverwundbar werden, ohne dass ein Drache dafür bluten muss. Ich fing an, mich mehr damit zu beschäftigen, wodurch wir uns verletzt und gekränkt fühlen und wie wir das verhindern können. Ich lernte viel über Empfindlichkeit – meine eigene und die anderer Menschen. Und ich entwickelte Übungen und Methoden, mit denen wir eine widerstandsfähige Stärke aufbauen können.

In jedem von uns steckt ein weicher Kern, der besonders empfindsam ist. Dieser Teil unserer Seele ist zugleich auch kreativ und sehr beeindruckbar.

Jeder Mensch, der eine feinfühlige Sensibilität in sich trägt, braucht diese widerstandsfähige Stärke. Eine Unverwundbarkeit, die wie ein kräftiger Bodyguard alles Verletzliche in der Seele schützt. Denn das, was in uns zartbesaitet ist, ist zugleich auch das, was in uns wunderbar und kreativ ist. Unsere verletzliche

Seite ist wie ein Kind. Zutiefst beeindruckbar und sehr empfindlich. In jedem von uns steckt dieser wunderbare, aber eben auch sehr verwundbare Teil. Und der braucht in dieser Welt einen starken Beschützer.

Der wunderbare Teil mit seinem unverwundbaren Leibwächter

In diesem Buch habe ich zum ersten Mal alle Übungen und Methoden zusammengetragen, die etwas mit dem Thema Unverwundbarkeit zu tun haben. In den letzten beiden Jahren saß ich mit Block und Bleistift vor meinen Teilnehmern in den Seminaren und habe ihre Geschichten, ihre Fragen und ihre Erkenntnisse mitgeschrieben. Bei ihnen möchte ich mich bedanken, denn sie haben mir gezeigt, was sie brauchen, aber auch, was von meinen Methoden funktioniert und was überflüssig ist. Sie haben alle Übungen einem harten Alltagstest unterzogen. Und was Sie hier lesen, hat den Test bestanden.

Einleitung

Ich wünsche mir, dass Sie dieses Buch wie ein Rezeptbuch benutzen. Lassen Sie sich von den grundlegenden Gedanken inspirieren und probieren Sie zuerst die Übungen und Methoden aus, die Ihnen schmecken. Nichts von dem, was hier steht, ist in Stein gemeißelt. Sie können es verändern und nachwürzen. Bauen Sie jedes Rezept so lange um, bis es zu Ihnen passt. Zu Ihrem Stil und zu dem Umfeld, in dem Sie leben. Vielleicht entdecken Sie dabei, dass Unverwundbarkeit nicht nur machbar ist, sondern auch noch Spaß machen kann.

Ich wünsche Ihnen von ganzem Herzen dabei viel Vergnügen.

Alle Anleitungen und Methoden aus diesem Buch funktionieren im privaten wie auch im beruflichen Bereich.

Sie sind ein lebendiger Schatz

→ **Warum das Gefühl, kostbar zu sein, verloren geht**
→ **Wodurch wir uns selbst verletzen**
→ **Der innere Kritiker und wie er entstanden ist**
→ **Warum der innere Kritiker Ihre Durchsetzungskraft sabotiert**
→ **Wie Sie Ihren Kritiker bändigen und Ihre Selbstachtung steigern können**

»Sie sind absolut kostbar und einmalig. Im tiefen Kern Ihrer Persönlichkeit sind Sie ein unschätzbares Juwel. Kein Fehler, den sie je begangen haben, kann daran etwas ändern. Nichts kann Ihren Wert in irgendeiner Weise schmälern oder verringern. Das steht fest. Für immer.« Ich schaute Julia an, aber sie schüttelte den Kopf. »Das stimmt für mich nicht«, sagte sie. »Ich habe so viele Macken und jede Menge Fehler. Ich bin alles andere als kostbar.«
Julia nahm an einem Verhandlungstraining teil und wollte sich damit auf eine Gehaltsverhandlung mit ihrem Chef vorbereiten. Julias Problem war nicht die Rhetorik. Sie konnte sich gut ausdrücken. Sie wusste, wie eine Verhandlung abläuft, und sie hatte alle guten Argumente auf ihrer Seite. Aber immer wenn wir die konkrete Verhandlung mit ihrem Chef trainierten, wirkte sie kraftlos, so, als würde sie

1. Strategie zur Unverwundbarkeit

> *Wenn Menschen das Gefühl haben, von geringem Wert zu sein, leben sie in der Erwartung, dass man sie betrügt und auf ihnen herumtrampelt und dass andere sie geringschätzen. Auf diese Weise werden sie leicht zum Opfer. Indem sie mit dem Schlimmsten rechnen, beschwören sie es regelrecht herbei und gewöhnlich passiert es dann auch.*
>
> Virginia Satir

das, was sie sagte, nicht glauben. Das war das typische Bild von jemandem, der innerlich nicht von sich überzeugt ist. Jeder ihrer Verhandlungspartner hatte es leicht, sie kleinzukriegen. Im Rollenspiel brauchte sich der gespielte Chef nur in die Brust zu werfen, Julia scharf anzuschauen und dann zu sagen: »Na, na! So toll waren Ihre Leistungen in der letzten Zeit ja nun auch wieder nicht«, und schon wurde sie unsicher. Sie lächelte verlegen, sackte in sich zusammen und brachte ein zögerndes »Äh ... das stimmt nicht« heraus. Jetzt kam der gespielte Chef erst richtig in Fahrt: »Eigentlich sollten Sie mir dankbar sein für diese Entwicklungsmöglichkeiten, die Sie hier in der Firma haben. Aber Sie scheinen nur ans Geld zu denken. Ich muss ehrlich zugeben, ich bin von Ihnen enttäuscht.« Der Schlag hatte gesessen. Julia schluckte, sagte nichts mehr und brach das Rollenspiel ab. »Es ist wie in Wirklichkeit. Ich kann mich nicht wehren. Ich fühle mich nicht kostbar und einmalig. Ich fühle mich, als wäre ich gierig und unverschämt, weil ich mehr Gehalt haben möchte.« Ich fragte den Teilnehmer, der die Chefrolle übernommen hatte, welchen Eindruck er als Chef von seiner Mitarbeiterin hatte. Er antwortete: »Als Chef weiß ich schon, wie wertvoll sie für mich ist. Aber sie sollte mit mir ringen, wenn sie mehr Gehalt haben will. Sie strahlt kein Selbstvertrauen aus. Ich merke an ihrer ganzen Art, dass sie leicht umzupusten war. Sie hatte einfach nicht genug Rückgrat.«

Das Drama der begabten Frau: viel Kompetenz und Leistung, aber nicht genug Selbstachtung, um den angemessenen Lohn dafür zu verlangen.

Im wirklichen Leben war Julia seit Jahren die »rechte Hand« von ihrem Chef. Sie fing als einfache Sekretärin an und übernahm im Laufe der Zeit immer mehr Managementaufgaben. Sie konnte gut mit Kunden reden, bereitete Besprechungen vor, stellte Verkaufsdaten zusammen, organisierte einen Teil des Personaleinsatzes. Sie war längst keine Schreibkraft mehr – dafür war mittlerweile eine andere Frau eingestellt worden. Julia wurde aber immer noch wie eine Sekretärin bezahlt. Das wollte sie ändern und nahm deshalb an dem Training teil. Julia litt unter mangelnder Selbstachtung. Immer wenn es darauf ankam, eindeutig zu sagen, was sie konnte, was sie geleistet hatte, wurde eine innere Stimme in ihr laut, die das alles abwertete.

Wie wird man unverwundbar? Zuallererst indem wir aufhören, an uns selbst zu zweifeln, indem wir jede Form von Selbstverachtung beenden.

Julia zweifelte an sich und setzte sich innerlich herab. Damit war es für andere sehr leicht, in die gleiche Kerbe zu

1. Strategie zur Unverwundbarkeit

schlagen und sie zu verunsichern. Solange wir uns innerlich selbst schlecht machen, laden wir unbewusst andere ein, uns schlecht zu behandeln. Um unverwundbarer zu werden, ist es wichtig, dass wir diese innere Selbstentwertung aufdecken und stoppen.

Und was denken Sie, wenn Sie in den Spiegel schauen?

Das Sich-schlecht-Machen beginnt bei vielen schon morgens mit dem ersten Blick in den Spiegel. Oft wird das Spiegelbild mit einem angewiderten »Uuaah!« kommentiert. Begrüßt man so einen Schatz? Nein. So spricht man bestenfalls mit einer verschimmelten Leberwurst. Und es bleibt nicht bei dieser einen Unfreundlichkeit. Kaum bewusst wahrnehmbar mischt sich das leise Flüstern der Selbstverachtung in die alltäglichen Gedanken hinein. Aber damit verwunden wir den wunderbaren Teil unserer Seele. Den meisten Menschen ist nicht bewusst, dass sie sich in Gedanken selbst angreifen. Lassen Sie uns deshalb einmal einen Blick auf die verschiedenen Formen der Selbstentwertung werfen. Dazu gehört:

Durch die Gedanken, mit denen wir uns schlecht machen oder beschimpfen, verwunden wir den wunderbaren Teil unserer Seele.

- Sich selbst beschimpfen mit Worten wie: »Ich Trottel«, »Ich dumme Nuss«, »Ich bin ja blöd«.
- Sich hässlich finden und Körperteile für zu dick, zu dünn oder generell für falsch halten.

Sie sind ein lebendiger Schatz

- Sich dumm, begriffsstutzig oder unbegabt einschätzen.
- Sich selbst entmutigen mit Gedanken wie: »Das schaffe ich nie«, »Das wird nicht klappen«, »Damit geh ich garantiert baden«.
- Sich negative Charakterzüge zuschreiben wie zum Beispiel: »Ich bin einfach pessimistisch«, »Ich bin nun mal ein langweiliger Typ«, »Ich bin zu aufdringlich und rede zu viel«, »Ich bin von der Veranlagung her manisch-depressiv«.
- Sich selbst Schuld geben, sich anklagen, sich Vorwürfe machen: »Ich verdiene diese Freundlichkeit eigentlich nicht«, »Als Mutter habe ich versagt«, »Ich werde diesen Fehler nie wieder gutmachen können«, »Ich habe keine bessere Behandlung verdient«.

Egal, wie Sie sind oder was Sie getan haben, es gibt keinen Grund, dass Sie sich selbst angreifen.

Eine kleine Dosis dieser giftigen Gedanken reicht, um innerlich unsicher zu werden. Und gleichgültig, wie sehr wir uns bemühen, selbstsicher zu wirken, diese inneren Selbstzweifel strahlen nach außen ab. Sie springen uns aus dem Knopfloch. Jeder, der mit uns redet, verhandelt oder diskutiert, merkt unbewusst, wie unsicher wir sind. Läuft alles gut, wirkt sich unser fehlendes Selbstbewusstsein kaum aus. Aber das ändert sich, wenn die Meinungen aufeinander prallen oder die Verhandlungen härter werden. Jetzt zeigt sich, dass wir innerlich auf wackeligen Füßen stehen, und für unser Gegenüber ist es sehr leicht, uns un-

Unsere Selbstzweifel springen uns aus dem Knopfloch. Damit ist es für unser Gegenüber sehr leicht, uns zu übertrumpfen.

terzukriegen. Wir sind geschwächt durch einen unsichtbaren Gegner, der in unserem Kopf zu Hause ist.

»Hallo, hier spricht dein Kritiker«

Ich möchte Ihnen hier einen einfachen Weg zeigen, wie Sie die Selbstabwertung beenden können: Lernen Sie die innere Kraft kennen, mit der Sie sich selbst herabsetzen, und bändigen Sie diese Kraft. Das Ganze wird leichter, wenn Sie die Gedanken, mit denen Sie sich selbst schlecht machen, als einen Teil Ihrer Persönlichkeit begreifen. Es ist nicht Ihre ganze Persönlichkeit, sondern nur ein Teil davon. Dieser Teil wird der *innere Kritiker* genannt. Wenn das bei Ihnen eher eine innere Kritikerin ist, ist das auch in Ordnung. Halten Sie sich nicht zu lange damit auf, ob dieser Teil nun männlich oder weiblich ist. Entscheidend ist, was Ihnen diese kritische Stimme den ganzen Tag lang erzählt.

Sie können die Selbstabwertung beenden, indem Sie Ihren inneren Kritiker kennen lernen und ihn bändigen.

Unser innerer Kritiker hat uns ständig im Blick. Aber er ist oft schwer zu entdecken. Er (oder sie) sagt nicht offen: »Hallo, hier spricht dein Kritiker. Ich will dir mal erzählen, was du für ein Dummkopf bist.« Denn bei einer solchen Durchsage würden wir ihn sofort erkennen und uns mit einem freundlichen »Halt die Klappe!« besseren Nachrichten zuwenden. Der Kritiker arbeitet meistens getarnt. Oft klingt das, was er sagt, wie eine objektive Wahrheit oder eine nüchterne Tatsache. Dadurch merken wir nicht, dass der Kritiker gerade auf Sendung ist. Stellen Sie sich vor, Sie ziehen sich Ihre Hose an, schauen dabei an sich herunter und Ihnen geht folgender Gedanke durch den Kopf: »Ich bekomm tatsächlich einen Schwabbelbauch!« War das nun der Kritiker oder nur eine objektive Feststellung? Um das zu entscheiden, achten Sie darauf, wie Sie sich nach so einem Gedanken fühlen. Wenn Sie entspannt zu den Schuhen greifen, als wäre nichts gewesen, dann war es nicht Ihr innerer Kritiker. Wenn Sie aber verzweifelt überlegen, ob Sie eine Nulldiät anfangen sollten oder doch besser gleich das Fett absaugen lassen, dann hat

Der innere Kritiker sabotiert unser Selbstwertgefühl

Ihr Kritiker gesprochen. Es ist die verurteilende Kraft des Kritikers, die uns in die Enge treibt. Nach seinen Attacken fühlen wir uns traurig, verzweifelt, bekommen schlechte Laune oder werden ängstlich. Vor allem aber sinkt unser Selbstwertgefühl. Das merken auch andere Menschen.

1. Strategie zur Unverwundbarkeit

> *Der Kritiker hat eine ganz bestimmte Art, zu uns zu sprechen. Er gibt Erklärungen ab. Er klingt wie eine Stimme vom Himmel, die uns die absolute Wahrheit verkündet – etwa so wie die Zehn Gebote. Seine Fähigkeit, so zu tun, als ob er die Weisheit gepachtet hätte, ist einer der Gründe, warum es so schwierig ist, mit dem Kritiker fertig zu werden.*
>
> HAL UND SIDRA STONE

Entdecken Sie Ihren inneren Kritiker

Ihr innerer Kritiker ist vielleicht sehr groß, aber er ist nur ein Teil von Ihnen. Letztlich haben Sie das Sagen. Sie bestimmen, was in Ihrem Kopf vor sich geht. Wenn Sie Ihren Kritiker auf frischer Tat ertappen, haben Sie schon halb gewonnen. Alles, was Sie dafür brauchen, ist ein wenig Aufmerksamkeit. Achten Sie im Alltag öfter darauf, was Ihnen durch den Kopf geht. Der Kritiker meldet sich gern zu Wort, wenn wir etwas Ungewohntes vorhaben oder ein Risiko eingehen. Das kann die Teilnahme an einer Fortbildung sein, eine Rede auf einer Geburtstagsfeier, eine

Sie haben das Sagen. Sie bestimmen, was sich in Ihrem Kopf abspielt. Somit können Sie auch Ihren inneren Kritiker bändigen.

mündliche Prüfung oder ein schwieriges Gespräch. Achten Sie darauf, was Ihnen vor solchen Situationen durch den Kopf geht. Gibt es da Gedanken, durch die Sie Angst bekommen? Oder Gedanken, durch die Sie entmutigt werden? Das ist Ihr innerer Kritiker. Manche Kritiker plappern den ganzen Tag über, andere melden sich erst abends im Bett kurz vor dem Einschlafen. Was natürlich dazu führt, dass man hellwach bleibt.

Decken Sie die Machenschaften Ihres inneren Kritikers auf. Richten Sie Ihre Aufmerksamkeit auf Ihre Gedanken. Durch welche Gedanken werden Sie unsicher oder ängstlich?

Damit Sie ihn leichter ausfindig machen, habe ich Ihnen seine wichtigsten Tätigkeiten aufgelistet:

Der innere Kritiker/die innere Kritikerin ...
- ... beschimpft uns, gibt uns beleidigende Titulierungen (Trottel, Idiot),
- ... vergleicht uns mit anderen und lässt uns dabei schlechter abschneiden,
- ... sagt uns, dass mit uns etwas nicht stimmt, reibt uns jeden unserer Fehler mehrmals unter die Nase,
- ... hat ein Langzeitgedächtnis für Situationen, in denen wir uns blamiert haben,
- ... macht uns Schuldgefühle, weil wir eine schlechte Mutter, Ehefrau, Freundin, Tochter sind/weil wir ein schlechter Vater, Ehemann, Freund, Sohn sind,

Das generelle Motto des inneren Kritikers lautet: »Mit dir stimmt etwas nicht. Du bist fehlerhaft. Streng dich an, um dich zu verbessern.« Aber was wäre, wenn wir in Wirklichkeit vollkommen in Ordnung sind?

1. Strategie zur Unverwundbarkeit

- ... entmutigt uns und macht uns Angst, indem er uns vor Augen führt, was alles schief gehen kann,
- ... verurteilt uns, weil wir nicht gut genug aussehen, zu viel wiegen oder einen körperlichen Mangel haben,
- ... weckt uns gern auch nachts auf, um uns auf unsere Fehler hinzuweisen,
- ... untergräbt unsere persönliche Macht und unser Selbstwertgefühl.

Eine lange Liste, die eines sehr deutlich zeigt: Der innere Kritiker versteht es meisterlich, uns zu sabotieren. Dabei ist er ein wahrer Tausendsassa. Wenn Sie lustlos sind, keine Energie haben, morgens nicht aus dem Bett kommen und Ihnen alles grau in grau erscheint – wer, glauben Sie, steckt dahinter? Das Wetter? Die Regierung? Nein, hier quält Sie Ihr Kritiker persönlich. Finden Sie heraus, was er Ihnen zuflüstert.

Wenn Sie ein Ziel erreichen oder einen Lebenstraum verwirklichen wollen, dann achten Sie darauf, dass sich Ihr innerer Kritiker nicht einmischt. Zahllose Pläne, Ideen und Träume sind unter Kritikerattacken begraben worden.

Wenn Sie einen großen Traum in sich tragen oder einen tiefen Wunsch haben, dann meldet sich Ihre Lebenskraft. Eine Kraft, die zu neuen Ufern aufbrechen will. Wunderbar. Aber woher kommen die Gedanken: »Es klappt ja doch nicht«, »Dafür bin ich zu alt«, »Das ist eine Nummer zu groß für mich«. Resignation zu erzeugen ist eine Spezialität des inneren Kritikers. Denken Sie einen Moment darüber nach: Was würden Sie sofort anpacken, wenn Ihr innerer Kritiker Sie in Ruhe lassen würde?

Die Geburtsstunde des inneren Kritikers

Bevor Sie fragen, was Sie gegen Ihren inneren Kritiker unternehmen können, möchte ich ihn etwas in Schutz nehmen. Es sah bisher so aus, als wäre der innere Kritiker ein schrecklicher, vielleicht sogar böser Teil unserer Seele. Aber das ist er nicht. Er kann zweifellos sehr verletzend sein, aber nur, weil er so ungehemmt agieren konnte. Bisher hat ihn niemand erkannt und ihm ernsthaft Grenzen gesetzt. Er ist keinesfalls von Natur aus böse, auch wenn das, was er sagt, bösartig klingen mag. Er kann es nicht besser. Er kann uns nur kritisieren. Und das tut er mit einer ganz bestimmten Absicht, und die lautet: Besser, ich kritisiere dich, als dass du von anderen kritisiert wirst. Besser, ich blockiere dich, als dass du auf die Nase fällst. Er versucht als Erster, uns auf un-

> *Um uns vor dem Schmerz und der Scham der Kritik zu schützen, entwickelte sich in uns eine Stimme, die die Bedenken unserer Eltern, der Kirche oder anderer Menschen, die für uns in den ersten Jahren wichtig waren, wiedergibt. Wir entwickelten buchstäblich ein »Selbst«, eine eigenständige Teilpersönlichkeit, die uns kritisiert, bevor es unsere Eltern oder sonst jemand tun könnte.*
>
> — HAL UND SIDRA STONE

1. Strategie zur Unverwundbarkeit

sere Fehler und Mängel aufmerksam zu machen. So seltsam es sich anhört, sein Ziel ist es, uns vor Verletzungen durch andere zu bewahren. Er will, dass wir vor unseren Mitmenschen einigermaßen gut dastehen. Und dafür kritisiert er uns. Wenn Sie Ihren Kritiker kennen lernen, werden Sie vielleicht auch entdecken, dass diese innere Stimme sehr darum bemüht ist, dass Sie normal sind, bei anderen gut ankommen und nicht anecken. Er ist die Stimme der Anpassung. Seine größte Sorge ist, dass wir allein gelassen werden und auf uns selbst gestellt sind und so nicht überleben können.

Hohe Ansprüche an sich selbst, der Wunsch, perfekt zu sein, geben dem inneren Kritiker viele Gründe, uns zu attackieren.

Die Geburtsstunde eines jeden Kritikers liegt in der Kindheit. Denn jedes Kleinkind weiß instinktiv, dass es ohne die Fürsorge der Erwachsenen sterben müsste. Und so lernt es, sich anzupassen. Zuerst an die Mama und den Papa, später auch an den Kindergarten und die Schule. Dabei nimmt es die Ermahnungen und Regeln der Erwachsenen in sich auf. So ist es nicht verwunderlich, dass so mancher Kritiker in dem gleichen vorwurfsvollen Tonfall spricht, wie die Mutter es früher immer getan hat, oder dass er so kalt und streng wird wie der Papa. Unser innerer Kritiker hatte gute Vorbilder. Von ihnen hat er gelernt, welcher Kritikstil am wirkungsvollsten ist. Später, als wir erwachsen waren, bekam der Kritiker seine Nahrung von überall her. Praktisch jedes Ideal oder jede Norm kann der Kritiker gegen uns verwenden. Karriereziele, Lifestyle, Fitness, Feminismus, spirituelle Ziele, Vegetarismus, öko-biologische Lebensweise – alles, was Sie für erstrebenswert halten, kann der Kritiker dazu benutzen, um daraus eine Messlatte zu machen, die er sehr hoch

Sie sind ein lebendiger Schatz

legt. Wenn Sie scheitern, hat er neue Munition für seine Attacken. Wenn Sie den hohen Ansprüchen nachkommen, dann legt er die Messlatte noch ein Stück höher.

Klare Grenzen und eine kontrollierte Sendezeit

Um mit dem inneren Kritiker fertig zu werden, müssen wir wissen, dass er keine statische Größe ist, sondern ein gelerntes Konzept. Wir müssen ihn nicht austreiben oder vernichten. Er braucht lediglich klare Grenzen und eine kontrollierte Sendezeit. Um es psychologisch auszudrücken: Solange wir mit dem inneren Kritiker identifiziert sind, ihn also »Ich« nennen, ist seine Macht ungebrochen. Um dem Kritiker Grenzen zu setzen, ist es zunächst wichtig, die Identifikation mit ihm zu lösen. Das geschieht, indem wir ihn bewusst wahrnehmen. Er ist nur ein Teil in uns, aber nicht länger unser gesamtes Ich. Jetzt übernehmen wir die Regie. Dem Kritiker klare Grenzen zu setzen und ihn zu bändigen ist gar nicht so schwer. Viel einfacher jedenfalls, als Tag für Tag unter seinem Geplapper zu leiden.

Wenn Sie dieses Kapitel bis hierher gelesen haben, ist bereits etwas Wichtiges geschehen: Sie haben eine Ahnung davon bekommen, was Ihr Kritiker so treibt. Vielleicht waren es nur ein oder zwei Beschreibungen, die auf Ihren Kritiker zutreffen. Aber das reicht für den Anfang. In der nächsten Zeit werden Ihnen die Aktivitäten Ihres Kri-

> *Immer wenn Sie sich deprimiert, ängstlich oder verzweifelt fühlen, lauschen Sie nach innen und achten Sie darauf, was Ihr Kritiker Ihnen zuflüstert.*

tikers immer bewusster werden. Den ersten Schritt haben Sie bereits getan. Alle Gedanken, mit denen Sie sich herabsetzen, beschimpfen oder entmutigen, laufen nicht mehr unter der Überschrift »Ich bin so und so ...«, sondern Sie distanzieren sich davon. Jetzt heißt es: »Mein Kritiker sagt ...« Diese Distanz ist notwendig, damit seine Attacken Sie nicht mehr verletzen. Es gibt fünf sehr wirksame Methoden, mit denen Sie Ihren Kritiker noch besser in den Griff bekommen.

Anleitung:
So bändigen Sie Ihren inneren Kritiker

- **Seien Sie aufmerksam für Ihre Gedanken:** Achten Sie darauf, was Ihnen durch den Kopf geht. Besonders wenn Sie sich deprimiert, kraftlos oder ängstlich fühlen.

- **Stoppen Sie den Kritiker:** Unterbrechen Sie die Attacken Ihres Kritikers. Stoppen Sie bewusst alle Gedanken, mit denen Sie sich selbst abwerten oder entmutigen.

- **Begrenzen Sie die Sendezeit:** Bisher konnte Ihr Kritiker Sie zu jeder Tages- und Nachtzeit erreichen. Damit ist jetzt Schluss. Geben Sie ihm einmal am Tag eine feste Sprechzeit. Eine Zeit, in der Sie ihm wirklich zuhören. Meistens reichen zehn Minuten. Ein wichtiger Hinweis: Wenn Sie versuchen, Ihrem Kritiker überhaupt keine Sendezeit zu geben, dann wird er sich das nicht gefallen lassen. Er wird sich wieder in Ihre alltäglichen Gedanken mischen, denn er ist einer der ältes-

Sie bestimmen, wann und wo Ihr Kritiker von Ihnen Sendezeit bekommt.

Sie sind ein lebendiger Schatz

ten Teile Ihrer Seele und er lässt sich nicht einfach ausschalten.

■ **Schreiben Sie die Attacken auf:** Ihr Kritiker hat seine Lieblingskritikpunkte, auf denen er immer wieder herumhackt. Was wiederholt er ständig? Schreiben Sie es auf. Legen Sie sich ein Kritiker-Notizheft an und schreiben Sie seine Attacken Wort für Wort auf. Damit holen Sie sein Gerede aus Ihrem Kopf heraus. Das ist ein weiterer Schritt, um mehr Distanz zu bekommen.

Jeder Kritiker hat seine Lieblingsattacken. Schreiben Sie quälende, immer wiederkehrende Gedanken auf. Damit holen Sie sie aus Ihrem Kopf heraus.

Wenn Ihr Kritiker still ist, haben Sie mehr Selbstbewusstsein

■ **Widersprechen Sie Ihrem Kritiker:** Hartnäckige Kritiker können uns einen Floh ins Ohr setzen. Das ist ein Gedanke, der uns besonders quält. Etwa »Das schaffst du nie« oder bei jedem Blick in den Spiegel »Vogelscheuche«. Widersprechen Sie. Sagen Sie genauso hartnäckig: »Stimmt nicht!«, »Falsch!«, »Schaffe ich doch« oder »Himmelsstern«, wenn Sie in den Spiegel schauen.

Bei einem gebändigten Kritiker haben Sie die Regie übernommen. Sie bestimmen, wann und wo er mit Ihnen sprechen darf. Wenn Sie in einem Gespräch oder einer Verhandlung sind und viel Selbstsicherheit brauchen, dann sorgen Sie dafür, dass Ihr Kritiker Sendepause hat.

Selbstsicher auftreten – leicht gemacht

Eine Teilnehmerin hat mir einmal erzählt, wie sie mit ihrem Kritiker fertig wird: »Mein Kritiker findet mich viel zu dominant. Außerdem sagt er mir immer wieder, dass ich eine profilierungssüchtige Karrierefrau bin. Ich bin in einer leitenden Position bei einer Behörde. Seit meinem Amtsantritt habe ich einige Verbesserungen in der täglichen Verwaltungsarbeit auf den Weg gebracht. Vor kurzem wollte ich unsere Besprechungen modernisieren. Sie dauerten zu lange und waren viel zu uneffizient. Ich hatte ein Konzept entwickelt, mit dem sich die Dauer der Sitzungen um die Hälfte reduzieren lässt. Um meine Mitarbeiter davon zu überzeugen, habe ich extra ein Meeting zum Thema »Sitzungen und Konferenzen straffen« einberufen.

Was Sie denken, ist wirksam. Um andere Menschen überzeugend zu führen, brauchen Sie die Fähigkeit, Ihre eigenen Gedanken zu leiten.

Sie sind ein lebendiger Schatz

> *Wenn Sie für eine Aufgabe viel Selbstsicherheit brauchen, dann stellen Sie Ihren Kritiker zurück:*
>
> - *Schreiben Sie seine Befürchtungen und seine kritischen Kommentare auf.*
>
> - *Vereinbaren Sie dann mit sich eine Zeit am selben Tag, zu der Sie dem Kritiker zuhören wollen.*
>
> - *Bis zu diesem Zeitpunkt stoppen Sie innerlich jeden Gedanken, der Sie verunsichert.*

Als dann der Tag kam, verunsicherte mich mein Kritiker gleich am Morgen nach dem Aufwachen. Ich stand vor meinem Kleiderschrank und wusste nicht, was ich anziehen sollte. Der Blazer schien mir zu streng zu sein – ich wollte ja nicht dominant wirken – und das Kleid wirkte so unprofessionell. In Gedanken ging ich meine Vorbereitungen durch und bekam dabei Zweifel, ob ich meine Mitarbeiter von diesen Veränderungen überzeugen konnte. Bevor ich ganz klein und ängstlich wurde, fiel mir mein Kritiker ein. Ich vermutete, dass er mich so verunsichert hatte, und ich stellte ihn zurück. Ich schrieb ganz kurz seine Hauptkritikpunkte auf und versprach ihm, mir alle seine Einwände genau anzuhören – nach Feierabend. Aber jetzt war Sendepause. Ich zog den Blazer an, ging in die Besprechung, diskutierte mit meinen Mitarbeitern und überzeugte die meisten. Ich fühlte mich die ganze Zeit über sehr selbstsicher. Abends war ich zufrieden. Als ich meinem Kritiker zuhörte, hatte er nur noch seinen üblichen Du-bist-zu-dominant-Text auf Lager. Um ganz ehrlich zu sein: Ich weiß nicht, ob ich nicht manchmal zu dominant bin. Aber auf jeden Fall tat ich das, was ich für richtig gehalten habe. Unsere Besprechungen laufen jetzt sehr viel straffer und effizienter ab. Und das war mein Ziel.«

Der natürliche Weg zu mehr Selbstvertrauen

Ihr Selbstvertrauen war nie wirklich verschwunden. Es wurde lediglich von Ihrem inneren Kritiker zugedeckt. So, wie eine dunkle Decke ein strahlendes Juwel verhüllt. Ziehen Sie die dunkle Decke weg, dann strahlt die Kostbarkeit ganz von selbst. Wenn Sie Ihren inneren Kritiker erkennen und bändigen, gewinnen Sie Ihren ureigenen Glanz zurück. Und dieses Funkeln ist auch nach außen hin sichtbar. Vielleicht gehen und sitzen Sie ein wenig aufrechter. Sie bewegen sich mit mehr Würde und Ihre Worte klingen sicherer. Andere Menschen werden Ihre natürliche Selbstsicherheit bemerken und feststellen, dass man Sie nicht mehr so leicht unterkriegen kann. Sie sind stark. Ein gebändigter Kritiker kann ein durchaus nützlicher Teil Ihrer Seele werden. Er hat eine Fähigkeit, die er sehr gut beherrscht: Er entdeckt Fehler. Daraus lässt sich doch etwas

Wenn Sie Ihr volles Selbstvertrauen zurückgewonnen haben, merken Sie, wer Sie wirklich sind: Sie sind ein einmaliger, kostbarer Schatz.

machen. Er kann Rechtschreibfehler in Ihren Briefen suchen, bevor Sie sie abschicken. Oder er sagt Ihnen rechtzeitig, wenn Sie sich verfahren haben und besser einen Blick auf die Straßenkarte werfen sollten. Er weist Sie darauf hin, dass Ihr Hemd einen Fleck hat und dass noch etwas Salz in der Suppe fehlt. Falls andere Menschen an Ihnen Kritik üben, wird Sie das kaum noch erschüttern. Mit Hilfe Ihres eigenen gebändigten Kritikers können Sie selbst gut abschätzen, ob Sie einen Fehler gemacht haben und wie groß dieser Fehler möglicherweise ist. Andere Menschen können Sie nicht mehr so leicht verunsichern. Sie sind weniger verwundbar.

Aber der größte Nutzen ist, dass Sie wieder ein Gefühl dafür bekommen, wer Sie wirklich sind. Sie sind ein kostbarer und einmaliger Schatz, der als Geschenk auf die Welt gekommen ist. Und Sie haben das Recht, auch so behandelt zu werden.

1. STRATEGIE ZUR UNVERWUNDBARKEIT

Die Selbstentwertung beenden

■ **Achten Sie auf Ihre Gedanken**
Um aus der Selbstentwertung herauszukommen,
ist es wichtig, dass Sie den Teil Ihrer Persönlichkeit
entdecken, der Sie für mangelhaft oder unzuläng-
lich hält. Das ist Ihr innerer Kritiker. Achten Sie darauf,
was Sie zu sich selbst sagen, besonders wenn Sie
sich deprimiert oder ängstlich fühlen.

■ **Begrenzen Sie die Sendezeit Ihres Kritikers**
Sorgen Sie dafür, dass Ihr Kritiker erst dann zu Wort
kommt, wenn Sie es für richtig halten. Meldet er sich
zu häufig zu Wort, vereinbaren Sie mit ihm eine tägliche
Kritikerzeit von etwa zehn Minuten.

■ **Notieren Sie die Kommentare Ihres
inneren Kritikers**
Legen Sie sich ein Kritiker-Notizheft zu. Durch das
Schreiben schaffen Sie Abstand zu dem, was er an Ihnen
auszusetzen hat. Außerdem verhindern Sie, dass er
Ihnen immer wieder das Gleiche erzählt.

■ **Stellen Sie in schwierigen Situationen
Ihren Kritiker zurück**
Wenn Sie sich herabsetzen, dann untergraben Sie Ihre
Überzeugungskraft und machen sich extrem verwundbar.
Besonders vor Verhandlungen ist es wichtig, dass Sie
sich von den Kommentaren Ihres Kritikers lösen, indem
Sie sie zum Beispiel aufschreiben. Sorgen Sie dafür,
dass Ihr Kritiker während der schwierigen Situation still
ist. Stoppen Sie jeden Gedanken, mit dem Sie sich
verunsichern.

Über den Dingen stehen

→ **Drei Methoden, mit denen Sie sich ein dickes Fell zulegen können**
→ **So behalten Sie im Chaos die Nerven**
→ **Wie Sie sich schützen, wenn ein Gespräch unangenehm wird**
→ **Wie Sie Ihr empfindsames Herz in Sicherheit bringen**
→ **Manipulationen und Druck mühelos abwehren**
→ **Die Pausentaste drücken: Warum Bedenkzeit so wichtig sein kann**

Würden Sie gern ruhig bleiben, wenn alle verrückt spielen? Die Übersicht behalten, wenn die Wellen hochschlagen? Und selbst bei nervigen Leuten die Ruhe bewahren? In Ordnung. Hier steht, wie Sie das hinbekommen. Bei den Teilnehmern meiner Kommunikationstrainings steht das »dicke Fell« ganz oben auf der Wunschliste. Interessanterweise sind die Leute, die ein solches Training besuchen, sehr gut in Kommunikation. Sie reden verständlich, können zuhö-

> *Das dicke Fell ist die Fähigkeit, die Stürme des Lebens und die Macken anderer Menschen auf die leichte Schulter zu nehmen.*

2. Strategie zur Unverwundbarkeit

ren und überzeugend argumentieren. Sie kommen in das Seminar, weil sie manchmal an einen Gesprächspartner geraten, der sie an den Rand der Verzweiflung bringt. In solchen Momenten nützt ihnen die ganze Redekunst nichts mehr. Hier fehlen nicht die richtigen Worte, sondern hier fehlt die nötige Gelassenheit, um mit den schwierigen Zeitgenossen fertig zu werden. »Es gibt Kunden, die so arrogant auftreten, dass ich eigentlich Valium schlucken müsste, um die noch nett zu bedienen. Die gucken mich nicht an, erwidern meine Begrüßung nicht, und wenn ich frage, ob ich helfen kann, werde ich von oben herab angeraunzt: ›Nein. Ich rufe Sie, wenn ich Sie brauche.‹ Ich komme sonst sehr gut mit unseren Kunden zurecht. Aber zwei von der arroganten Sorte und ich hab den restlichen Tag nur noch schlechte Laune. Von solchen Leuten möchte ich mir den Tag nicht mehr verderben lassen. Wie kann ich diese Arroganz an mir abprallen lassen?«, fragte mich Meike, eine Verkäuferin, die in einem Möbelgeschäft arbeitet. Meike wusste, dass sie die arroganten Typen weder erziehen noch therapieren konnte. Alles, was sie wollte, war, ihre gute Laune zu behalten, wenn sie mit diesen schwierigen Kunden redete. Meike war bereits in etlichen Verkaufstrainings gewesen, um ihre Gesprächstechnik zu verbessern. Überall erhielt sie nützliche Tipps, aber arrogante Leute lösten bei ihr weiterhin eine heftige Allergie aus. Als ich Meike traf, überlegte sie gerade, ob sie vielleicht eine

Arroganz ist eine Überheblichkeit, hinter der sich ein Minderwertigkeitsgefühl versteckt.

Wer Menschen gegenüber offen ist, braucht auch die Fähigkeit, sich abzugrenzen und »dicht« zu machen.

Psychotherapie beginnen sollte. Sie dachte, sie hätte eine »schwere Macke«, wie sie es ausdrückte. Ich konnte sie beruhigen. Keine schwere Macke. Alles, was ihr fehlte, war die Fähigkeit, sich gegen die Ausstrahlung anderer Menschen abzugrenzen. Einfacher ausgedrückt: Für Meike war es wichtig zu lernen, wie sie Abstand nehmen kann, wenn andere seltsam werden.

Wenn die ganze Redekunst nichts nützt

Aber nicht nur im Beruf ist es sinnvoll, sich von der Stimmung anderer Menschen abzugrenzen. Auch im Privatbereich kann uns ein guter Schutz vor andauerndem Beziehungsstress bewahren.
Bei Sven, einem 35-jährigen Computerfachmann, war es die eigene Mutter, die ihm, wie er sagte, »den letzten Nerv raubte«. Seine Mutter lebte allein und wollte jeden Feiertag nur mit ihrem einzigen Sohn verbringen. Sven hatte immer nachgegeben und Weihnachten, Ostern, Pfingsten sowie jeden anderen Feiertag mit seiner Mutter verbracht. In Wirklichkeit aber wäre er viel lieber

Es ist durchaus möglich, sehr verständnisvoll zu sein, ohne das zu tun, was der andere will.

verreist. Er plante seit langem ein verlängertes Wochenende mit seinen Freunden. Er wollte einen Kurztrip nach London machen oder wenigstens einmal mit seiner Freundin nach Madrid reisen.
Das ging bisher nicht. Seine Mutter fing sofort an zu weinen, wenn Sven nur andeutungsweise durchschimmern ließ, dass er dieses Jahr einmal an den Feiertagen wegfah-

2. Strategie zur Unverwundbarkeit

ren wollte. Sie sackte dann in sich zusammen, schluchzte still vor sich hin und redete davon, dass niemand für sie da sei, dass sie ebenso gut sterben könnte. Das traf Sven jedes Mal tief ins Herz. Er wusste nicht mehr, was er sagen sollte. Und dann passierte immer das Gleiche. Er gab seine Reisepläne auf und blieb bei seiner Mutter. Alle seine Lösungsversuche waren gescheitert. Anfangs hatte er noch ein Feiertagsprogramm für seine Mutter organisiert, damit sie nicht so allein war. Aber sie wollte nur mit ihrem Sohn zusammen sein. Auch eine gemeinsame Reise hatte sie abgelehnt, sie würde in fremden Betten doch kein Auge zumachen können. Alles, was er vorgeschlagen hatte, klappte nicht. Für Sven war das wie eine Schlinge um seinen Hals, die sich immer enger zusammenzog. Denn je älter seine Mutter wurde, desto mehr schien sie sich auf Sven zu fixieren. Sie deutete immer öfter an, dass sie ihren einzigen Sohn nun auch öfter im Monat, am liebsten jedes Wochenende, sehen wollte.

Wenn andere Menschen uns mit ihren Gefühlen erpressen können, stecken wir in einer falschen Verantwortlichkeit.

Sven wusste, dass das so nicht weitergehen konnte. Das Schlimmste für ihn war nicht die Tatsache, dass er auf seine Reisen verzichtete, sondern die Wut, die er langsam, aber sicher gegen seine Mutter entwickelte. Er fing an, sie zu verfluchen. Und mit jedem Nachgeben wurde Sven zorniger. »Jedes Mal, wenn sie weint, will ich nur noch, dass sie aufhört. Wenn ich sag: ›Ja, Mama, ich bleibe bei dir‹, dann hört sie sofort auf. Sie erpresst mich mit ihren Tränen und ich kann mich nicht dagegen wehren. Und sie weiß das. Irgendwann werde ich explodieren und sie erwürgen.« Sven sagte das halb im Spaß, halb im Ernst. Er wusste nicht weiter. Ich fragte ihn: »Was möchten Sie im Gespräch mit Ihrer Mutter können, was Sie bisher nicht konnten?« Er dachte einen Moment nach und sagte dann sehr sicher: »Ich möchte ihr deutlich sagen, dass ich die nächsten Feiertage nicht mit ihr verbringen werde. Und ich möchte mich von ihren Tränen nicht mehr weich kochen lassen. Ich habe es satt, mich in ihrer Gegenwart wie ein schuldiger, kleiner Junge zu fühlen, der seiner Mutter wehtut.« Das waren klare Worte. Sven wusste, was er wollte.

Jeder von uns hat seine eigenen wunden Punkte. Wenn wir dort direkt getroffen werden, fühlen wir uns hilflos oder wir reagieren gereizt.

»Was müssten Sie noch lernen, um das gut hinzubekommen?«, fragte ich ihn. »Dafür brauche ich Widerstandskraft. Am besten in Form einer 20 cm dicken Panzerglasscheibe, hinter der ich sitzen kann«, antwortete Sven. Nette Idee, aber schwer umzusetzen. Es gibt wesentlich leichtere Methoden, um sich zu schützen und um die eigene Widerstandskraft zu erhöhen.

Wann brauchen Sie ein dickes Fell?

In beiden Fällen, bei Meikes arroganten Kunden und bei der weinenden Mutter von Sven, ist das Gleiche notwendig: eine Technik, mit der es gelingt, sich von anderen besser abzugrenzen, sodass die Art und Weise, wie andere Menschen uns ins Herz treffen, nicht mehr funktioniert. Nach meinen Erfahrungen ist das, was Menschen unter die Haut geht,

Genau dann, wenn jemand bei uns eine Allergie auslöst, fehlt uns das dicke Fell.

2. Strategie zur Unverwundbarkeit

sehr unterschiedlich. Einige kommen mit Arroganz gut klar, andere nicht. Einige haben Schwierigkeiten mit weinenden Frauen oder Müttern, aber dafür kommen sie mit lauten, schreienden Menschen gut zurecht. Jeder von uns hat seine eigenen wunden Punkte. Wenn diese getroffen werden, fühlen wir uns hilflos oder wir reagieren gereizt. Es ist ganz nützlich, wenn Sie für sich herausfinden, welche Verhaltensweisen von anderen Sie nur schwer ertragen können. Was regt Sie auf, was macht Sie hilflos oder wütend? Und womit könnte ich Sie locker an die Wand drücken?

> *Die meisten Menschen, die sich in Gesprächen seltsam verhalten, sind nicht absichtlich böse, sondern nur unterentwickelt in Sachen Kommunikation.*

Falls Sie sich im Moment für unerschütterlich halten, dann schauen Sie sich diese Liste genauer an. Ist irgendetwas dabei, das Sie nervt?

Ihr Gesprächspartner oder Ihre Gesprächspartnerin ...
- ... sagt kaum noch etwas und fängt an zu weinen oder leidet still vor sich hin,
- ... wird immer wütender, schimpft und schreit Sie an,
- ... ist nervös, nestelt ständig an der Kleidung herum, fährt sich andauernd durch die Haare,
- ... schaut Sie während des Gesprächs nicht an, kann Ihnen nicht in die Augen sehen,
- ... schweift ständig vom Thema ab, redet über Gott und die Welt, hält dabei Monologe,
- ... benimmt sich arrogant und überheblich, behandelt Sie von oben herab,
- ... ist angeberisch, protzt mit allem, was er/sie hat, markiert den tollen Hecht bzw. die Superfrau,

Über den Dingen stehen

> *Wir sehen in anderen Menschen, was wir an uns selbst mögen und nicht mögen.*
>
> DEBBIE FORD

- ... setzt Sie unter Druck, droht Ihnen mit »Konsequenzen«, will sich beim Chef beschweren oder Sie verklagen,
- ... jammert Ihnen die Ohren voll, beklagt sich, sieht alles nur negativ, findet selbst dort ein Haar, wo es nicht einmal eine Suppe gibt,
- ... ist kalt wie ein Eisblock, redet kaum noch ein Wort, ist abweisend und unnahbar,
- ... ist ein Sprücheklopfer, macht dumme Bemerkungen, über die Sie lachen sollen,
- ... schnappt schnell ein, reagiert beleidigt, ist leicht gekränkt.

Ist Ihr Lieblingsnervtöter dabei? Und gibt es vielleicht noch andere Verhaltensweisen, auf die Sie allergisch reagieren? Ich zeige Ihnen jetzt drei Techniken, mit denen Sie sich jederzeit davor schützen können, damit Ihnen diese Verhaltensweisen nicht unter die Haut gehen. Sie werden in Zukunft nicht mehr allergisch darauf reagieren, sondern etwas über den Dingen stehen. Wenn uns Leute sehr nerven

> *Sie können andere Menschen nicht gegen deren Willen verändern. Dort, wo der Wille eines anderen anfängt, hört Ihrer auf.*

2. Strategie zur Unverwundbarkeit

oder unter Druck setzen, dann glauben wir oft, dass wir uns daraus nur mit viel Kraft befreien können. So als müssten wir enorme Anstrengungen unternehmen, um den Nervtöter in den Griff zu bekommen. Tatsächlich geht das viel leichter, als Sie glauben. Sie müssen sich weder aufreiben noch hart kämpfen. Alles, was Sie brauchen, ist ein dickes Fell, und das besteht aus drei simplen Methoden:

> *Gleichgültig, wie seltsam Ihr Gegenüber sich verhält, Sie müssen sich deswegen nicht aufregen. Sie können gelassen bleiben.*

❶ Sie wechseln in einen unpersönlichen, distanzierten Zustand;
❷ Sie bauen einen Schutzschild auf;
❸ Sie halten inne und verzögern Ihre Reaktion.

Alle drei Techniken werden gleich genauer erklärt. Sie lassen sich einzeln anwenden, aber auch hintereinander schalten, wenn es für Sie sehr schwierig wird. Falls jemand Sie sehr reizt oder Sie erpresst werden, gehen Sie zuerst in Ihren unpersönlichen Zustand, bauen Sie dann Ihren Schutzschild auf und halten Sie inne, bevor Sie reagieren.
Alle drei Dicke-Fell-Methoden wirken auf die gleiche Weise:

- Ihr Stress wird reduziert oder er entsteht erst gar nicht.
- Sie sind in der Lage, klar nachzudenken, statt konfus oder ärgerlich zu werden.
- Sie besinnen sich auf das, was Sie wollen, und behalten den Überblick.
- Sie stehen nicht mehr unter Druck und haben mehr Zeit, die passenden Worte zu finden.
- Sie sind nicht mehr manipulierbar und behalten den roten Faden in der Hand.

Am Anfang ist es leichter, wenn Sie jede Methode für sich getrennt trainieren. Das Hintereinanderschalten ist dann am Schluss ganz leicht. Lassen Sie uns mit der ersten Methode beginnen, dem unpersönlichen, distanzierten Zustand.

Die Kunst, unpersönlich zu sein

Wir alle haben die Möglichkeit, sowohl unpersönlich als auch persönlich zu sein. Diese beiden Zustände lassen sich am leichtesten in einem Bild ausdrücken.
Wenn wir unpersönlich sind, dann ist das so, als würden wir eine Tür zu unserem empfindlichen Herzen verschließen. Die Emotionen anderer Menschen treffen uns nicht mehr. Sie gehen uns nicht mehr unter die Haut. Im unpersönlichen Zustand sind wir sachbezogener und zugleich etwas distanziert. Auch unsere eigenen Emotionen bleiben weitestgehend unter Verschluss. Unsere Botschaften kommen aus dem Kopf, nicht aus dem Bauch.
Im Gegensatz dazu ist der persönliche Zustand so, als würden wir unser Gefühlszentrum – hier als Herz gemalt – öffnen. Wir sind gefühlsmäßig erreichbar. Die Emotionen anderer Menschen gehen uns unter die Haut. Das betrifft alle Gefühle. Die Wut von anderen trifft uns ebenso wie die Liebe oder die Ungeduld, die andere Menschen ausstrahlen. Aber auch unsere eigenen Gefühle sind uns in diesem Zustand sehr präsent. Wir fühlen, was mit uns los ist, und zugleich merken wir auch, wie es dem anderen geht.

> *Ihr unpersönlicher Zustand verhindert, dass die Launen anderer Menschen auf Sie überspringen.*

2. Strategie zur Unverwundbarkeit

> *Wenn Sie unpersönlich sind, ist Ihnen eine gefühlsmäßige Verbindung mit anderen Menschen relativ unwichtig. Ihre Grenzen sind genau festgelegt. Sie sind objektiv und können klar denken und reagieren, ohne zu sehr von den Reaktionen und Gefühlen anderer Menschen beeinflusst zu werden.*
>
> HAL UND SIDRA STONE

persönlich   *unpersönlich*
emotional offen   *distanziert, sachlich*

Persönlicher Zustand und unpersönlicher Zustand

Viele Menschen können leicht in beide Zustände wechseln, ohne dafür Namen zu haben. Im Beruf beispielsweise reden sie mit Kunden im unpersönlichen Zustand und zu Hause, mit den Kindern, werden sie persönlich. Einmal sind sie eher sachbezogen und dann wieder emotional zugänglich und offen. Ein Wechsel, der oft nicht bewusst wahrgenommen wird. Wenn wir aber diese Zustände nicht absichtlich herstellen können, sie also nicht willentlich kontrollieren, dann kann es leicht sein, dass wir in einen Zustand hineinfallen und dort gefangen sind. Um sich von anderen Menschen besser abgrenzen zu können, brauchen wir einen bewussten Zugang zu unserem unpersönlichen Zustand. Solange die Tür zu unseren Gefühlen immer offen steht, sind wir berührbar und verwickeln uns leicht in die Gefühle, die von anderen Menschen ausgehen. Das kann ganz wunderbar sein, wenn jemand uns eine Liebeserklärung macht oder wenn wir ein glucksendes, wonniges Baby im Arm halten. Dann ist es das Herrlichste von der Welt, emotional berührbar zu sein und intensiv zu fühlen. Aber wenn wir es mit arroganten Menschen zu tun haben oder uns jemand mit seinen Tränen erpressen will, ist es wichtig, dass wir die Tür zu unserem kostbaren Herzen bewusst verschließen können und auf der Stelle unpersönlich werden. Verwechseln Sie dabei unpersönlich sein nicht mit abweisend oder grob sein. Unpersönlich heißt einfach nur »die Tür schließen«, ohne zu kämpfen und ohne den anderen anzugreifen.

Unpersönlich und persönlich sein sind zwei Zustände, zwischen denen wir wählen können. Beide haben ihren Wert. Wichtig ist, dass wir den passenden Zustand bewusst einsetzen können.

Wenn Sie ständig in Ihrem persönlichen Zustand sind, fällt es Ihnen schwer, sich von anderen richtig abzugrenzen.

Den besten unpersönlichen Zustand habe ich bei einer Mitarbeiterin der Gepäckermittlungsstelle auf dem Flug-

2. Strategie zur Unverwundbarkeit

hafen gesehen. Diese Frau war von wütenden Fluggästen umzingelt, deren Koffer nicht mit ihnen zusammen gelandet waren. Als ich sie beobachtete, stand eine ganze Reisegruppe vor ihr. Alle redeten gleichzeitig auf sie ein und ruderten dabei temperamentvoll mit den Armen in der Luft herum. Aber die Emotionalität der Leute prallte an ihr ab. Sie ignorierte alle Beschimpfungen und reagierte auf keine Drohung. Stattdessen strahlte sie eine freundliche Professionalität aus. Sie entschuldigte sich bei denen, die sehr wütend waren, beruhigte die verzweifelten Passagiere und nebenbei füllte sie Formulare aus. Sie behielt den Überblick, obwohl es um sie herum stürmisch war. Einem vorbeigehenden Kollegen

Unpersönlich sein ist so einfach und mühelos wie das Schließen der Haustür.

Drei Tipps, wie Sie im Chaos die Nerven behalten:

- *Sehr unpersönlich und absolut ruhig werden.*

- *Kurz nachdenken und dann das Wichtigste zuerst erledigen.*

- *Panische, verzweifelte oder wütende Leute beruhigen und auf Distanz halten.*

Über den Dingen stehen

gab sie den Auftrag, mehr Stühle zu besorgen, damit sich alle hinsetzen konnten. Sie dirigierte die kofferlosen Passagiere auf die Sitzplätze, während sie telefonierte. Sie wirkte wie ein Fels in der Brandung. Nur in einem sehr guten unpersönlichen Zustand lässt sich diese Mischung aus Aufregung, Zorn und Leuten, die alle durcheinander reden, ertragen. Und es ist auch dieser unpersönliche Zustand, der es uns ermöglicht, selbst dann noch handlungsfähig zu bleiben, wenn um uns herum das Chaos ausbricht.

Als mir Meike erzählte, wie sehr sie unter arroganten Kunden litt, vermutete ich sofort, dass die Tür zu ihrem Herzen ständig offen stand. Sie war in einem andauernden persönlichen Zustand, ohne es zu merken. Ihr fehlte die Fähigkeit, ihr Herz in Schutz zu nehmen und sich von anderen Menschen emotional abzugrenzen. Meike brauchte weder ein neues Verkaufstraining noch eine Psychotherapie. Sie brauchte nur einen Zugang zu ihrer unpersönlichen Seite.

> *Das Wichtigste im Umgang mit arroganten Menschen ist, dass Sie in Ihrem unpersönlichen Zustand sind und nicht unterwürfig oder hochnäsig werden.*

Nach zwei, drei Übungen konnte Meike bewusst und ohne Anstrengung in ihren unpersönlichen Zustand wechseln. Für sie war das eine echte Errungenschaft. Zuerst fand sie es seltsam, so zugeknöpft zu sein. Aber dann stellte sie fest: »Ich bin reservierter und achte weniger darauf, was mit anderen los ist. Wenn ich unpersönlich bin, fahre ich meine Antennen nicht mehr aus. Damit spare ich viel Kraft.« Meike lachte, als sie das sagte. Wer bisher immer persönlich auf andere Menschen reagiert hat, empfindet den unpersönlichen Zustand häufig

2. Strategie zur Unverwundbarkeit

als Erleichterung. Wenn wir unpersönlich sind, dann nimmt unser Einfühlungsvermögen ab. Das ist eine große Entlastung für alle, die ständig zu kurz kommen, weil sie sich immer in andere Menschen einfühlen und deren Bedürfnisse wichtiger nehmen als ihre eigenen. Durch unseren unpersönlichen Zustand können wir uns ohne großen Aufwand gut von anderen abgrenzen. Auch hier geht es um eine bewusste Steuerung. Wenn wir uns gut einfühlen können, brauchen wir die Fähigkeit, zugeknöpft zu bleiben, wenn wir das wollen. Ansonsten besteht die Gefahr, dass wir von anderen ausgebeutet werden wie eine Goldmine.

Wer sich gut in andere einfühlen kann, darf auch sagen: »Das geht mich nichts an.«

Vielleicht haben Sie durch das Lesen schon ein Gespür für Ihren unpersönlichen Zustand entwickelt? Wenn es Ihnen noch schwer fällt, absichtlich und bewusst in diesen unpersönlichen Zustand zu gehen, dann wird Ihnen die nachfolgende Übung weiterhelfen.

Anleitung
zum unpersönlichen Zustand

■ Schließen Sie bewusst die Tür zu Ihrem Herzen. Distanzieren Sie sich von der Welt. Ihre Gefühle bleiben in Ihnen und die Gefühle der anderen Menschen dringen nicht mehr in Sie ein. Ihr empfindsames Herz ist geschützt. Gehen Sie innerlich einen Schritt zurück und distanzieren Sie sich von allem, was Sie sehen und hören, ein wenig. Was um Sie herum passiert, betrifft Sie nicht allzu sehr. Sie konzentrieren sich auf die

Sache, um die es geht. Entspannen Sie sich dabei, atmen Sie tief ein und aus. Unpersönlich sein ist bequem und mühelos. Lassen Sie diesen Zustand noch intensiver werden. Machen Sie zum Abschluss eine Art Fotokopie oder einen inneren Abdruck von Ihrem unpersönlichen Zustand, damit Sie ihn im Alltag schnell wieder finden. Ganz zum Schluss schütteln Sie sich, um aus diesem Zustand wieder herauszukommen. Wenn Sie wollen, gehen Sie gleich wieder in den unpersönlichen Zustand hinein, bleiben Sie dort eine Weile und gehen Sie wieder hinaus.

Ich achte bei meinen Seminarteilnehmern immer darauf, dass sich bei dieser Übung niemand zu sehr anstrengt. Sich Mühe geben ist meistens ein Zeichen davon, dass der Betreffende glaubt, der unpersönliche Zustand wäre ein Kraftakt. Das ist er nicht. Er ist so wenig anstrengend wie das Schließen einer Tür.

Sven kannte seinen unpersönlichen Zustand. Den größten Teil seiner Arbeitszeit verbrachte er so. Nur bei seiner Mutter wechselte er, ohne es zu merken oder es bewusst zu wollen, automatisch in den persönlichen Zustand. Das ist für sich genommen kein Problem. Aber er kam aus dem persönlichen Zustand nicht mehr heraus und konnte sich dadurch überhaupt nicht von ihr abgrenzen. Mit seinem klaren Verstand bemerkte er natürlich, was passierte, aber es schien, als hätte er keinerlei Abwehrkräfte dagegen. So entstand die Wut auf seine Mutter und unterschwellig auch auf

> *Es ist vollkommen in Ordnung, wenn Sie entscheiden, dass die Launen und Gefühle anderer Menschen nichts mit Ihnen zu tun haben. Dafür sind Sie nicht zuständig.*

2. Strategie zur Unverwundbarkeit

sich selbst, weil er alles durchschaute, aber dennoch hilflos war. Sven lernte seinen unpersönlichen Zustand bewusst einzusetzen, und zwar auch dann, wenn er mit seiner Mutter redete. Allerdings brauchte er dafür noch einen zusätzlichen Schutz. Im Laufe der Jahre hatte sich das Gesprächsmuster zwischen Mutter und Sohn tief eingegraben und verfestigt. Um hier eine Lösung oder zumindest eine Lockerung zu erreichen, brauchte Sven viel persönliche Stärke. Für ihn war es wichtig, mit seiner Wut, die sich in ihm aufgestaut hatte, gut fertig zu werden. Dieser angesammelte Groll ist ein Zeichen dafür, dass er seine Grenzen bisher zu wenig verteidigt hat. Sven hatte Angst davor, dass ihm bei dem nächsten Gespräch mit seiner Mutter endgültig der Kragen platzte. »Ich glaub, wenn sie noch ein einziges Mal losheult, dann flippe ich restlos aus. Das ertrage ich nicht mehr.« Ich sagte darauf zu Sven: »Wenn Sie Ihre Reisepläne wirklich durchziehen wollen, dann wird Ihre Mutter das merken und sehr wahrscheinlich wieder weinen. Aber deswegen müssen Sie nicht ausflippen. Es ist das gute Recht Ihrer Mutter zu weinen, wenn sie das möchte. Und Sie können bei Ihren Plänen bleiben, obwohl sie weint.« Ich zeigte Sven, wie er zusätzlich zu seinem unpersönlichen Zustand noch einen Schutzschild aufbauen konnte.

Trainieren Sie Ihren unpersönlichen Zustand zunächst in harmlosen Situationen: im Restaurant, in der Bank, beim Einkaufen, wenn Sie etwas anprobieren oder bestellen wollen.

Es ist das Recht eines jeden Menschen zu weinen, wenn er das möchte. Und Sie dürfen trotz der Tränen bei dem bleiben, was Sie wollen.

So können Sie sich noch besser schützen

Der Schutzschild ist eine gedachte Abgrenzung, durch die Sie sich noch mehr von der Befindlichkeit Ihres Gesprächspartners trennen. Wir schließen nicht nur die Tür zu unserem Herzen, sondern bauen noch einen unsichtbaren Schild vor uns auf. Auch das lässt sich am leichtesten in einem Bild erklären.

Der Schutzschild ist eine mentale, also gedankliche Barriere, die Sie vor sich aufstellen. Wie eine unsichtbare, kugelsichere Panzerglasscheibe, hinter der Sie alles sehen und hören können. Aber Sie werden von dem, was Ihr Gegenüber absondert, seien es nun Tränen oder verbale Attacken, nicht mehr getroffen. Wenn

> *Wenn Sie emotional erpresst werden, dann brauchen Sie zusätzlich zu Ihrem unpersönlichen Zustand noch einen Schutzschild.*

Sich gut von anderen abgrenzen mit dem Schutzschild

2. Strategie zur Unverwundbarkeit

> *Ihr Schutzschild ist eine gedachte Grenze. Sie distanzieren sich damit noch mehr von Ihrem Gegenüber.*

Sie sich vor unangenehmen Gesprächen bisher gerne gedrückt haben, dann hat Ihnen so ein Schutzschild gefehlt. Sie finden hier eine Anleitung, die Ihnen zeigt, wie Sie diese gedachte Abgrenzung aufbauen können.

Anleitung
zum Aufbau Ihres Schutzschildes

■ Setzen Sie sich aufrecht hin, ohne sich zu verspannen. Atmen Sie tief ein und aus. Stellen Sie sich vor, direkt vor Ihnen befindet sich eine unsichtbare Wand aus kugelsicherem, dickem Glas. Sie sind dahinter perfekt geschützt, aber Sie können alles hören und sehen. Nur das, was andere Menschen abstrahlen – ihre Gefühle, ihre Stimmungen –, trifft Sie nicht mehr. Sie prallen an Ihrem Schutzschild ab wie ein Tischtennisball von der Tischtennisplatte. Nehmen Sie sich Zeit, den Schutzschild aufzubauen und ihn in der richtigen Entfernung vor sich aufzustellen. Fühlen Sie, wie Ihre empfindsame Seele dahinter geborgen und geschützt ist. Entspannen Sie sich und lassen Sie dieses Gefühl von Schutz noch intensiver werden. Sich abschirmen ist etwas vollkommen Müheloses. Strengen Sie sich nicht an, sondern lassen Sie sich von dem Gefühl der Sicherheit und der Stärke tragen. Speichern Sie Ihren Schutzschild innerlich, damit Sie im Alltag diesen Zustand schnell wieder aufbauen können.

Sven lernte, in einen unpersönlichen Zustand zu gehen und zugleich seinen Schutzschild aufzubauen. Erst wenn er in dieser inneren Haltung war, konnte er auch die passenden Worte finden, um seiner Mutter zu sagen, dass er verreisen will. Ohne diesen Schutz bestand die Gefahr, dass er sich ausweichend-nebulös ausdrückt und damit unbewusst seiner Mutter signalisiert, dass er sich nicht ganz sicher ist und dass ihre Tränen durchaus Erfolg haben könnten.

Empfindsame Menschen sind oft Abladestellen, bei denen andere ihren seelischen Müll loswerden. Ihr Schutzschild verhindert, dass Sie die Gefühle und Probleme anderer in sich aufnehmen.

Ich weiß leider nicht, wie die Sache ausgegangen ist, aber im Seminar hat er in einem Rollenspiel die passenden Worte gefunden. Nun sind Rollenspiele nur eine Art Ersatzwirklichkeit, aber sie eignen sich hervorragend, um sich auf den Ernstfall vorzubereiten. Hier hat Sven so lange trainiert, bis er das Gefühl hatte, die richtige Mischung zu haben. Er wollte seine Mutter nicht verletzen, aber auch nicht wieder nachgeben. Der entscheidende Schritt für Sven war, dass er mit dem Schutzschild eine Haltung fand, mit der er in der Lage war, die Tränen seiner Mutter auszuhalten und bei dem zu bleiben, was er wollte – ohne aggressiv zu werden.

Durch Ihren Schutzschild und den unpersönlichen Zustand fällt es Ihnen leichter, Klartext zu reden.

Innehalten:
Nehmen Sie sich eine Auszeit

Die dritte Methode, mit der Sie Ihr dickes Fell aufpolstern können, ist das Innehalten. Das ist eine Gesprächstechnik, bei der Sie kein Wort sagen. Innehalten bedeutet einfach, sich zu stoppen. Statt schnell zu antworten oder schnell zu reagieren, nehmen Sie sich eine kleine Auszeit. Und diese Auszeit ist immer dann wichtig, wenn Sie sich während eines Gespräches nicht wohl fühlen oder wenn eine Unterhaltung droht, abzugleiten, zum Beispiel, wenn Sie unter Druck gesetzt oder angegriffen werden. Oder wenn jemand versucht, Sie zu überreden. In dem Moment, in dem Sie merken, dass das Gespräch für Sie in die falsche Richtung geht, stoppen Sie

> »Was ist jetzt los?«
> Wenn Sie verwirrt, ärgerlich oder gekränkt sind, drücken Sie sofort die Pausentaste. Gönnen Sie sich eine Auszeit, bevor Sie reagieren.

Was Sie während des Innehaltens machen, ist ganz einfach: Sie hören auf mit dem, was auch immer Sie tun, sitzen oder stehen mit offenen Augen, richten Ihre Aufmerksamkeit nach innen und erinnern sich, woran Sie sich erinnern wollen.

DAVID KUNDTZ

die Sache und steigen Sie aus. Schweigen Sie einfach. Dadurch bekommen Sie ein wenig Distanz zu dem, was gerade abläuft. Sie unterbrechen das Gesprächsmuster. Und erst wenn Sie da rausgekommen sind, können Sie überhaupt feststellen, was gerade gespielt wird.

Was passieren kann, wenn dieses Innehalten fehlt, erzählte ein Seminarteilnehmer: »Vor zwei Wochen habe ich mich mit einem Kunden gestritten, im Grunde wegen nichts. Er machte sich am Telefon ein bisschen lustig über unsere langen Lieferzeiten. Er meinte, wir wären so langsam, weil so viele Leute wie ich den ganzen Tag lang telefonieren würden, statt richtig zu arbeiten. Ohne lange zu überlegen, habe ich ganz spontan zu ihm gesagt, dass er ja wohl auch nicht die Arbeit erfunden hat, denn er würde ja jetzt auch telefonieren. Daraufhin wurde der Kunde richtig sauer und ich hätte mir am liebsten sofort die Worte wieder in den Mund gestopft, aber es war zu spät. Jetzt wollte er den Boss sprechen, um sich zu beschweren. Die Sache ist mir einfach entglitten.« Kurz innehalten ist die beste Strategie, wenn eine angriffslustige Stimmung entsteht.

Wie in diesem Fall beginnt das Ganze oft mit scheinbar harmlosen Sticheleien. Wer jetzt nicht aussteigt, rutscht schnell in einen ernsthaften Streit hinein und verliert dabei seine ur-

> *Sie haben das Recht, es sich jederzeit gut gehen zu lassen. Wenn ein Gespräch schlecht läuft, dann unterbrechen Sie es. Besinnen Sie sich auf das, was Sie ursprünglich wollten.*

> *Manipulation und Druck lassen sich mit einem Satz abwehren: »Darüber werde ich nachdenken.« Punkt und Schluss.*

2. Strategie zur Unverwundbarkeit

sprünglichen Ziele aus den Augen. Spontan Kontra geben kann direkt in Teufels Küche führen.

Wenn Sie angegriffen oder bedrängt werden, scheuen Sie sich nicht, die ganze Situation komplett zu unterbrechen. Sie brauchen Zeit, um festzustellen, was überhaupt los ist und was Sie selbst wollen. In sehr bedrückenden Situationen können Sie zusätzlich auch aufstehen, um körperlich aus dem Spannungsfeld herauszukommen. Machen Sie ein Fenster auf, ziehen Sie Ihre Jacke aus oder gehen Sie auf die Toilette. Sie müssen nicht wie angewurzelt sitzen bleiben und alles über sich ergehen lassen.

Durch das Innehalten verschaffen Sie sich die Atempause, die Sie brauchen, um einen klaren Kopf zu bekommen. Aber manchmal reicht dieser kurze Moment nicht aus, um eine Situation richtig einschätzen zu können. In einem solchen Fall brauchen Sie mehr Bedenkzeit. Das kann für Sie besonders wichtig sein, wenn Sie zu den Menschen gehören, die sehr schnell ja sagen, wenn jemand etwas von Ihnen will. Der Satz, der Ihnen am meisten helfen kann, lautet: »Darüber möchte ich in Ruhe nachdenken.« Oder: »Ich brauche Bedenkzeit.« Wenn Sie wollen, können Sie Ihrem Gesprächspartner sagen, *wann* Sie voraussichtlich das Nachdenken beendet haben: »Ich melde mich in zehn Minuten wieder bei Ihnen«, »Ich sag dir morgen früh Bescheid«, »Im Moment habe ich wenig Zeit, mich damit zu beschäftigen. Wenn es Ihnen recht ist, melde ich mich nächste Woche bei Ihnen.«

Wenn Ihr Wunsch nicht akzeptiert wird, dann schalten Sie um auf Hartnäckigkeit. Wiederholen Sie sich wie eine Schallplatte, die einen Sprung hat.

Wie lange Ihre Bedenkzeit dauert, hängt natürlich auch von der Sache ab, um die es geht. Aber was ist, wenn Ihr Gegenüber verlangt, Sie sollten sich sofort entscheiden? Achtung! Jetzt wird so richtig Druck gemacht. Schalten Sie um auf Hartnäckigkeit. Stellen Sie sich innerlich darauf ein, notfalls einhundert Mal ganz ruhig zu sagen, dass Sie Bedenkzeit brauchen. Punkt. Kein weiteres Wort mehr. Wenn Ihr Gegenüber nicht lockerlässt, dann kriegt er von Ihnen immer den gleichen Satz zu hören – ohne dass Sie sich dabei aufregen.

Ich benutze in einem solchen Fall noch eine höfliche Zusatzformulierung, die so klingt: »Ich brauche Bedenkzeit, weil mir Ihre Worte so wichtig sind, dass ich unbedingt in Ruhe darüber nachdenken möchte.« Es ist noch nie vorgekommen, dass ein Gesprächspartner nicht wollte, dass ich in Ruhe über seine Worte nachdenke. Lassen Sie sich nicht von Hektik oder Zeitdruck manipulieren. Es gibt nur wenige Situationen, die wirklich ein schnelles Eingreifen erfordern, zum Beispiel, wenn ein Feuer ausbricht oder jemand verblutet.

Ansonsten gilt: Sie bestimmen, wie viel Zeit Sie brauchen. Gewöhnen Sie sich an, eine winzige Atempause zu machen, bevor Sie antworten. Rasen Sie nicht mit 200 Stundenkilometern durch ein Gespräch, sondern treten Sie auf die Bremse und reagieren Sie mit Schrittgeschwindigkeit. Dadurch können Sie feststellen, ob Sie noch in die gewünschte Richtung fahren oder wo sich die nächste Abfahrt befindet.

Sie haben jetzt drei wichtige Techniken kennen gelernt, mit denen Sie in turbulenten Situationen einen klaren Kopf behalten können. Wenn Sie diese drei Methoden zusammen anwenden, dann können Sie selbst in stressigen Zeiten etwas über den Dingen stehen. Dazu gehen Sie erst in Ihren unpersönlichen Zustand, dann bauen Sie Ihren Schutzschild auf und halten öfter mal inne, um sich kurz zu besinnen.

Vielleicht sieht es für Sie noch so aus, als wäre das anstrengend oder schwierig zu bewerkstelligen. Aber wenn Sie mit dieser Form, über den Dingen zu stehen, erst einmal vertraut sind, dann merken Sie, wie einfach diese Methoden sind. Dennoch werden Sie wahrscheinlich einige Zeit brauchen, bis Sie diese Techniken gut beherrschen und gezielt einsetzen können. Alles, was Sie jetzt gut können, sei es Auto fahren, der Umgang mit dem Computer, eine Fremdsprache oder Kochen, konnten Sie nicht sofort, sondern Sie haben geübt. Aber vor dem Üben stand Ihr Entschluss, das lernen zu wollen. Sie trafen diese Entscheidung und dann trainierten Sie. Genauso funktioniert es hier. Zuerst entschließen Sie sich, diese Methoden zu erlernen, und dann üben Sie so lange, bis Sie zufrieden sind. Einmal ausprobieren und dann sagen: »Es hat nicht geklappt« – das gilt nicht. Der unpersönliche Zustand, der Schutzschild und das Innehalten funktionieren sicher, wenn Sie es wollen. Manche Menschen brauchen mehr Zeit zum Lernen als andere, einige sind Naturtalente, andere erarbeiten sich jeden kleinen Fortschritt. Alles, was am Ende zählt, ist, dass Sie etwas können, mit dem Sie sich Ihr Leben erleichtern. Sie können über den Dingen stehen, wenn Sie das wollen. Sie lassen sich nicht mehr überrumpeln oder unter Druck setzen. Und Ihre Mitmenschen werden über Ihre kraftvolle

Es ist vollkommen in Ordnung, nicht weiterzuwissen. In diesem Fall machen Sie keine weiteren Aussagen, schweigen Sie, bitten Sie um eine Pause und sorgen Sie dafür, dass Sie allein in Ruhe nachdenken können.

Gelassenheit staunen. Wahrscheinlich wird man Sie bitten, die Leitung des Katastrophenschutzes zu übernehmen, oder Sie zum Krisenmanager des Jahres wählen. Gleichgültig, für welchen Posten Sie vorgeschlagen werden, Sie wissen ja – erst innehalten und dann: »Darüber möchte ich in Ruhe nachdenken.«

2. STRATEGIE ZUR UNVERWUNDBARKEIT

Wie Sie Abstand herstellen und sich schützen können

■ **Gehen Sie in Ihren unpersönlichen Zustand**
Verschließen Sie bewusst die Tür zu Ihrem empfindlichen Herzen. So verhindern Sie, dass Ihnen die Stimmungen und Launen anderer Menschen direkt unter die Haut gehen.

■ **Bauen Sie Ihren Schutzschild auf**
Dieser Schutzschild ist eine mentale Abgrenzung, mit der Sie sich zusätzlich von den Emotionen anderer Menschen distanzieren können. Dadurch behalten Sie Ihre Ziele im Auge und verwickeln sich nicht mehr in die Eigenarten anderer Menschen.

■ **Halten Sie inne, reagieren Sie langsam**
Achten Sie darauf, dass Sie sich nicht in ein ungünstiges Gesprächsmuster hineinziehen lassen. Stoppen Sie Ihre Reaktion sofort, wenn Sie allzu sehr bedrängt, überredet oder attackiert werden. Nehmen Sie sich eine Auszeit und denken Sie nach, bevor Sie antworten. Schweigen Sie und lassen Sie den Gesprächspartner ruhig warten.

■ **Bitten Sie um Bedenkzeit**
Wenn Sie mit dem Rücken zur Wand stehen und sich in die Enge getrieben fühlen, dann sorgen Sie dafür, dass Sie Zeit zum Nachdenken haben. Statt nachzugeben oder zu kämpfen, können Sie einfach sagen: »Darüber möchte ich nachdenken.« Oder: »Ich brauche Bedenkzeit. Ich melde mich wieder.«
Damit sind Sie fürs Erste aus der Enge heraus und können in Ruhe eine Entscheidung treffen.

Frei von Aufregung, Ärger und Sorgen

→ **Wie Sie gelassen bleiben, wenn etwas schief geht**
→ **Wodurch Ärger und Aufregung entstehen**
→ **Wie Sie verhindern, dass aus einer Mücke ein Elefant wird**
→ **Das Sich-Sorgen-Machen lässt sich beenden**
→ **So verwandeln sich Sorgen in Sorgfalt**

Es gibt da eine Meinung, die wirklich gefährlich ist, weil sie Stress erzeugt und zum Herzinfarkt führen kann. Es ist die Meinung, dass man sich über bestimmte Dinge einfach aufregen *muss*. Dass es bestimmte Ereignisse gibt, die an sich ärgerlich sind. Und das ist falsch. Wir *müssen* uns nicht aufregen. Nichts kann uns zwingen, uns zu ärgern. Ärger und Aufregung sind vor allem eine Verletzung der eigenen Seele. Und keine Störung, keine Panne, kein Mensch ist es wert, dass wir uns selbst quälen. Aufregung ist so unnütz, wie sich selbst mit einem Hammer auf den Daumen zu schlagen. Das tut nur weh und verbessert nichts. Das

Ärger und Aufregung sind das Ergebnis ganz konkreter Denkprozesse, die wir in Gang gesetzt haben. Gelassenheit entsteht, wenn wir uns neu entscheiden und uns andere Gedanken machen.

Gleiche gilt für Ärger. Wenn wir uns ärgern, schalten sich unsere höheren Denkfunktionen ab. Damit verabschiedet sich das klare Denken und somit auch die Fähigkeit, ein Problem zu lösen, die Übersicht, die innere Ruhe, die Geduld, die Weisheit und der Humor – alles geht verloren, wenn wir uns ärgern. Wir werden dumm. Aber Ärger macht nicht nur dumm, sondern nachweislich auch krank. Ein großer Teil der Herz- und Stresserkrankungen entsteht, weil Menschen unfähig sind, angemessen auf Ereignisse zu reagieren. Denn es sind nicht die Ereignisse, die uns kränken oder stressen, sondern die Art und Weise, wie wir darauf reagieren.

Wenn wir uns ärgern, sinkt unsere Fähigkeit, ein Problem zu lösen und kreativ zu sein. Wir verbeißen uns in eine Kleinigkeit und verlieren den Überblick. Ärger und Aufregung machen dumm. Und auf lange Sicht machen sie auch krank.

Dieses Kapitel gibt Ihnen wirksame Methoden an die Hand, mit denen Sie eine ärgerliche Reaktion verhindern und Aufregung und Sorgen beenden können. Sie erfahren, dass Aufregung und Ärger nicht plötzlich über uns hereinbrechen, sondern sich schrittweise aufbauen. Wenn wir diese einzelnen Schritte rechtzeitig erkennen, sind wir in der Lage, den Prozess zu unterbrechen und der Aufregung oder dem Ärger einen Riegel vorzuschieben.

Wenn sich die Vernunft verabschiedet

Was mich schon immer fasziniert hat, ist die Tatsache, wie schnell wir unsere Vernunft aufgeben, wenn etwas passiert, was uns nicht passt. Erstaunlicherweise merken wir meistens überhaupt nicht, dass wir gerade dabei sind, unseren Kopf zu verlieren. Ganz im Gegenteil: Ärger und Aufregung gaukeln uns vor, wir wären im Recht und der Rest der Welt ist einfach zu blöd. Wie einfach wir in so einen Wahnsinn hineinrutschen, möchte ich Ihnen an einem kleinen Beispiel aus meinem eigenen Leben zeigen.

Ich gehöre im Allgemeinen zu den Menschen, die sich gern leise ärgern. Wenn ich mich aufrege, dann brülle ich nicht herum und ich tobe auch nicht. Ich bin äußerlich ruhig, während in mir ein Orkan wütet. Begonnen hat alles, als mir eine Mitarbeiterin aus der Personalabteilung eröffnete, sie hätte Schwierigkeiten mit meinen Taxiquittungen. Ich hatte für diese Firma zum ersten Mal ein Seminar durchgeführt. Es lief alles prima. Die Teilnehmer waren begeistert, der Chef der Personalabteilung wollte für die Zukunft weitere Seminare mit mir planen. Ich schickte der Firma prompt meine Honorarabrechnung. Alles ging glatt – bis auf die Taxiquittungen. Ich hatte mit der Firma vereinbart, dass alle anfallenden Fahrtkosten erstattet werden. Das war nicht besonders viel, nur eine Bahnfahrkarte und eben zwei Taxifahrten. Dabei ging es um einen lächerlichen Betrag. Die Mitarbeiterin der Personalabteilung sagte mir am Telefon, dass alles in Ordnung sei, aber dass sie wegen den Taxiquittungen noch mal mit ihrem Chef reden müsse. Ich antwortete: »In Ordnung. Tun Sie das. Wir können ja nächste Woche wieder telefonieren.« Mein Tonfall war sachlich und nüchtern. Aber kaum hatte ich den Hörer auf-

Frustration ist ein Engpass in der Seele. Manchmal laufen die Dinge nicht so, wie wir es gerne hätten. Menschen tun nicht das, was sie unserer Meinung nach tun sollten. Das sind die Tatsachen des Lebens. Können Sie das akzeptieren?

3. Strategie zur Unverwundbarkeit

gelegt, da stieg der Ärger langsam, aber glühend in mir hoch. Ich hatte ein erstklassiges Seminar aufs Parkett gelegt und die stellen sich jetzt an wegen dem bisschen Geld fürs Taxi?! Das darf doch nicht wahr sein! Bei dem Honorar und diesen Hotelkosten – und außerdem wurde mir zugesichert, dass die Firma alle Fahrtkosten übernehmen würde. Das habe ich schriftlich. Im Grunde könnte ich das meinem Rechtsanwalt übergeben. Was sind das nur für Erbsenzähler! (In Wirklichkeit hatte ich ein anderes Schimpfwort, aber das ist nicht druckreif.)

> *Die Vernunft verabschiedet sich auf leisen Sohlen. Wir merken meistens nicht, dass sie uns fehlt. Die Dummheit tritt auf mit dem Gedanken: »Ich bin absolut im Recht, aber von lauter Armleuchtern umgeben.«*

Mittlerweile war ich so in Rage, dass ich zum Telefonhörer griff, die Dame aus der Personalabteilung anrief und ihr in einem ganz coolen Tonfall sagte: »Ich habe es mir überlegt. Ich verzichte auf die Erstattung der Taxikosten.« Die Mitarbeiterin entschuldigte sich, aber sie habe noch nicht mit ihrem Chef gesprochen, weil der ... Ich unterbrach sie und wiederholte sehr ruhig, ja fast freundlich, dass das nun nicht mehr nötig sei, weil ich auf diesen Betrag verzichte. Sie könne den Posten auf der Rechnung streichen. Sie war etwas irritiert, aber schließlich stimmte sie zu. Keine Erstattung der Taxifahrten. »In Ordnung«, sagte ich freundlich und verabschiedete mich. Und dann war's so weit. Immer noch kochend, legte

> *Wer sich ärgert und aufregt, steht seelisch mit dem Rücken zur Wand und glaubt, keine andere Wahl mehr zu haben. Dadurch entstehen völlig überzogene Reaktionen.*

ich einen Schwur ab: Nie, nie wieder werde ich für diese Firma arbeiten. Nie wieder mit diesen Idioten über Taxikosten streiten. Das hatte ich doch wirklich nicht nötig! Ich hatte gerade ein prima Seminar durchgeführt und die feilschen wegen einer so lächerlichen Summe.

Haben Sie es bemerkt? Alle Anzeichen waren vorhanden: Es ging um eine Kleinigkeit (geht es bei Ärger und Aufregung meistens). Die Kleinigkeit wird riesig aufgebauscht und überdeckt alles, auch das, was gut gelaufen ist. Die Vernunft stellt ihren Betrieb ein. Ich habe nicht nachgefragt, was los ist. Ich habe nicht sachlich auf die Vereinbarungen hingewiesen. Nein, ohne nach den Hintergründen zu fragen, habe ich eine vollkommen unüberlegte Entscheidung getroffen. Das wird bei Ärger und Aufregung gern gemacht. Ich war kurz davor, einen Rechtsanwalt zu beauftragen – auch das gehört dazu, wenn wir nicht mehr im Vollbesitz unserer geistigen Kräfte sind: Wir schießen mit Kanonen auf Taxiquittungen. Es war nicht mein Verdienst, dass die Sache dann doch noch ein Happyend hatte.

Wenn wir uns ärgern, verzerren wir unsere Wahrnehmung. Aus Mücken werden Elefanten. Aus einem kleinen Fehler wird ein Riesenskandal.

Fünf Tage später rief mich der Personalchef an und erzählte mir freudig, wie gut das Seminar angekommen sei und wie groß die Nachfrage nach weiteren Veranstaltungen bei seinen Mitarbeitern wäre. Er wollte mit mir neue Seminartermine vereinbaren. Ich erwähnte kurz und etwas nebulös, dass es Probleme mit der Honorarabrechnung gegeben hätte. Der Personal-

Sie können Ärger vermeiden, wenn Sie das, was passiert, nicht persönlich nehmen.

chef war gut informiert und sagte: »Ach ja, es gab eine Rückfrage wegen der Taxikosten. Das ist aber alles schon erledigt. Wir haben Ihnen das Honorar schon überwiesen.« – »Wie? Auch die Taxikosten?«, fragte ich verblüfft. Ich hatte mich insgeheim schon auf einen Streit eingestellt, aber mir wurde gerade der Wind aus den Segeln genommen. »Natürlich. Das haben wir doch so vereinbart«, antwortete der Personalchef. Puff! Das Ärgermonster hatte sich in Luft aufgelöst. Es stellte sich heraus, dass die Mitarbeiterin, die ich anfangs am Telefon hatte, gerade die erste Woche an diesem Arbeitsplatz saß und nichts verkehrt machen wollte. Sie hatte keine Ahnung von den Honorarvereinbarungen. Und so änderte ich meinen Schwur von »Nie mehr für diese Firma arbeiten« in eine neue Fassung und die lautete: »Gerne arbeite ich für diese Firma.« Fazit: Aller Ärger war überflüssig.

Sammeln Sie Informationen, statt Vermutungen anzustellen. Bleiben Sie neugierig. Versuchen Sie herauszufinden, warum das passiert ist, und reden Sie mit denjenigen, die etwas damit zu tun haben.

Wie eine emotionale Lawine entsteht

Offensichtlich sind Ärger und Aufregung genauso nützlich wie Fußpilz. Aber wieso verfallen wir dann in diesen Wahnsinn? Sind es vielleicht unsere tiefen, wahren Gefühle, die da zum Ausbruch kommen? Fehlanzeige. Aufregung und Ärger kommen nicht aus dem Urgrund unserer Seele. Sie sind selbst gemacht und entstehen im Kopf. Sie sind das Ergebnis ganz bestimmter Denkvorgänge. Und das ist eine gute Nachricht. Denn wenn wir uns in Aufregung und

> *Die Verwendung rauer, plastischer, beleidigender, erniedrigender usw. Worte mag jemandem schnell und unverzüglich Erleichterung verschaffen, doch sie schaffen nur eine Pseudo-Stärke. Das Fluchen auf Menschen, Ereignisse, Autofahrer, unbelebte Gegenstände usw. bringt nur Ihr Nervensystem zum Kochen.*
>
> L. MICHAEL HALL

Ärger hineindenken können, dann können wir uns auch andere Gedanken machen und dadurch gelassen bleiben. Ärger und Aufregung fangen immer klein an. Mit einer einzigen Entscheidung. Wir beurteilen etwas negativ. Das ist der Beginn. Wir erleben etwas oder sehen etwas und denken dann: »So ein Mist!« Oder: »Das ist doch unmöglich!« Oder nur: »Verdammt!«, »Idiotisch!«. Das ist der Samen, aus dem Ärger und Aufregung hervorsprießen. Es sind nicht die Ereignisse, die uns ärgern. Es sind unsere Gedanken, mit denen wir diese Ereignisse innerlich kommentieren.

Wenn Ihnen etwas Unangenehmes zustößt, dann fühlen Sie einfach, was Sie gerade fühlen, und gehen Sie nicht in ärgerliche Gedanken hinein.

Aber eine negative Beurteilung reicht zum Ärgern noch nicht aus. Damit wir uns richtig aufregen, brauchen wir noch eine wichtige Zutat: persönliche Betroffenheit. Erst wenn wir das Ganze persönlich nehmen, kommt die Aufregung zustande. Der Kratzer im Lack des neuen Autos ist nicht nur eine Riesenschweinerei, nein, wir sind persönlich verletzt, als wären wir selbst angekratzt worden. Nicht nur, dass wir im Supermarkt schon wieder in der Schlange stehen, in der es am längsten dauert (»Können diese Idioten sich nicht beeilen, und warum sind überhaupt nur so wenig Kassen geöffnet?«). Und da versucht sich doch noch jemand vorzudrängeln (»Der denkt wohl, mit mir kann er das machen. Ja, für wie blöde hält der mich!«). Und schon kochen wir innerlich. Jede Aufregung, jeder Ärger beginnt mit einer negativen Beurteilung und enthält im Kern den Schrei »Das tut mir weh«. Diese innere Verwundung fühlen wir sehr oft nicht, weil sie sofort mit Empörung zugedeckt wird. Und das bringt die Lawine ins Rollen. Der Rest ist reine Selbsthypnose. Wir bringen das Gefühl des Ärgers mit den passenden Zauberworten selbst hervor: »Verdammter Mist. Wer hat sich diesen Unsinn ausgedacht.« – »Ich dreh hier gleich durch, wenn das so weitergeht!« – »Mit mir nicht. Das muss ich mir nicht bieten lassen.« – »Die denken wohl, damit kommen sie durch. Aber da haben die sich geschnitten. Die werden was erleben!« Alles prima Gedanken, um den Ärger so richtig anzuheizen.

> *Wir sind in der Lage, uns selbst etwas einzureden. Wir hypnotisieren uns mit unserem inneren Selbstgespräch. Achten Sie darauf, was Sie denken, wenn etwas nicht so läuft, wie Sie es erwartet haben.*

> *Die innere Einstellung, ständig den Kürzeren zu ziehen und immer benachteiligt zu werden, kann den Ärger enorm steigern.*

Aber selbst das lässt sich noch steigern. Verbinden Sie diese Ärger-Gedanken mit einem allgemeinen Gefühl, ständig im Leben zu kurz zu kommen. Immer werden Sie untergebuttert. Immer sind Sie der Dumme. Mit dieser Einstellung schaffen Sie es spielend, vor Wut die Wände hochzugehen. So wird eine donnernde, emotionale Lawine ins Rutschen gebracht. Wer jetzt nicht aus der Hypnose aufwacht und eine radikal andere Entscheidung trifft, wird das Opfer der Lawine, die er selbst erschaffen hat. Er oder sie wird dumm und unfähig, vernünftig mit dem Problem fertig zu werden. Deshalb ist der Satz »Das regt mich auf« falsch. Richtig heißt es: »Das ist so, wie es ist. Ich habe mich entschieden, mich darüber aufzuregen.«

> *Ärgerliche Menschen wissen genau, wie die Dinge sein sollten und die Menschen sein müssten. Vor allem fehlt ihnen die Fähigkeit, ohne Resignation die Dinge so zu akzeptieren, wie sie sind.*

Lassen Sie uns noch einmal einen Blick auf die einzelnen Schritte werfen, mit denen wir die emotionale Lawine erschaffen.

Ärger und Aufregung – so wird's gemacht:

- Fällen Sie ein negatives Urteil. Sie entscheiden sich, ein Ereignis, eine Situation, einen Menschen zu verurteilen. Etwas ist Ihrer Meinung nach schlecht, mies oder unmöglich.
- Sie fühlen sich davon persönlich betroffen. Ihnen fehlt die nötige Distanz und deshalb glauben Sie, Ihr Ich oder das, womit Sie sich identifizieren, wurde verletzt oder beeinträchtigt.

3. Strategie zur Unverwundbarkeit

So entsteht die Ärger-Aufregungs-Lawine

- Sie hypnotisieren sich in den Ärger hinein. Sie stellen sich vor, welche fiesen Absichten die anderen haben und dass Sie selbst im Recht sind. Besonders geeignet sind solche Gedanken: »Das muss ich mir nun doch wirklich nicht bieten lassen!« – »Ja, wo sind wir denn! Der glaubt wohl, er könnte sich alles herausnehmen.« – »Die denken, mit mir könnten sie das machen, aber da haben die sich gründlich geschnitten.«
- Sie lassen den Ärger Wellen schlagen. Wenn Sie zusätzlich noch laut schimpfen, können Sie auch andere Menschen damit anstecken.

So bleiben Sie gelassen

Sie haben jederzeit die Möglichkeit, diese emotionale Lawine zu stoppen. Alles, was Sie brauchen, ist ein wenig Aufmerksamkeit. Achten Sie darauf, welche Gedanken Sie sich gerade machen und ob Sie dabei sind, sich in Ärger oder Aufregung zu versetzen. Hören Sie Ihren Gedanken zu. Was sagen Sie zu sich selbst? Verurteilen Sie gerade etwas oder sind Sie dabei, sich mit »Verdammter Mist« in eine Aufregung hineinzuhypnotisieren? Wenn ja, dann treffen Sie eine Entscheidung. Wollen Sie es so weiterlaufen lassen oder möchten Sie gelassen bleiben? Nur Sie entscheiden, was in Ihrem Kopf passiert. Selbstverständlich können Sie sich auch für die Aufregung und den Ärger entscheiden. Es ist Ihr gutes Recht, sich aufzuregen, wenn Sie das so wollen. Und es ist ebenso Ihr gutes Recht, sich für Gelassenheit zu entscheiden. Ihre Macht besteht darin, dass Sie wählen können, was Sie erleben möchten.

Um dem Ärger und der Aufregung vorzubeugen, ist es sinnvoll, dass Sie insgesamt sehr achtsam mit negativen Urteilen sind. Verfluchen und verdammen Sie nicht unbedacht Leute und Ereignisse. Mit jedem negativen Urteil sabotieren Sie Ihre Gelassen-

> *Gelassenheit entsteht ganz von selbst, wenn Sie das, was passiert, ohne Verurteilung erleben können.*

> *Wenn Sie schon schimpfen wollen, dann wenigstens kreativ. Statt der üblichen Verdammter-Mist-Schimpferei nutzen Sie neue Schimpfformeln wie diese: »So ein Dünger!« »Was für ein Kompost!« »Nein, das ist ja ein unglaublicher Humus!«*

heit. Ihre Verurteilung ändert nicht die Welt, sondern nur Ihren Geist. Sie bringen sich in einen negativen Zustand und erzeugen damit die Keimzelle für eine emotionale Lawine.

Wenn Sie aber feststellen, dass Ihr Herz bis zum Hals pocht, dass Sie die Fäuste ballen und mit den Zähnen knirschen, während in Ihrem Kopf nur noch Schimpfworte und Flüche kreisen, dann sind Sie schon mittendrin in der Lawine. Sie haben eine enorme innere Kraft aufgebaut. Um da rauszukommen, brauchen Sie eine passende, besser noch eine etwas stärkere Gegenkraft.

Diese fünf Schritte helfen Ihnen, die Ärger-Aufregungs-Lawine zu stoppen:

Anleitung
zur Vermeidung von Ärger und Aufregung

- **Die kraftvolle Neuentscheidung:** Sie beschließen, den Ärger oder die Aufregung sofort zu beenden. Stoppen Sie alle Verdammter-Mist-Gedanken. Helfen können Ihnen Gedanken wie: »Nein – das will ich nicht. Ich bleibe gelassen.« Oder: »Stopp! Jetzt bleibe ich ruhig.«

- **Die Aufregung loslassen:** Nehmen Sie ein paar tiefe Atemzüge. Pusten Sie den Stress aus Ihren Lungen. Lassen Sie die Schultern noch tiefer sinken und entspannen Sie sich etwas.

- **Aus der Hypnose aufwachen:** Bewegen Sie sich. Stehen Sie auf, schütteln Sie sich, steigen Sie Treppen. Je stärker die Aufregung war, desto heftigere Bewegungen brauchen Sie, um den Bann zu brechen.

■ **Setzen Sie Ihre Vernunft wieder ein:** Denken Sie daran, dass das, was Sie aufregt, nur eine Kleinigkeit ist. Sie sind in Ihrem Leben schon mit ganz anderen Dingen spielend fertig geworden. Fühlen Sie die Power, die noch durch Ihre Adern tobt. Und wenn Sie sich beruhigt haben, dann nehmen Sie Ihren Humor und Ihre Lebenserfahrung, um die Sache in den Griff zu bekommen.

Sie können sich jederzeit entscheiden: Will ich mich darüber aufregen oder will ich darüber lachen?

■ **Kein nachträgliches Kopfzerbrechen:** Wenn alles vorbei ist, hüten Sie sich davor, die Sache in Gedanken noch mal durchzukauen. Denn mit nachträglichem Herumgrübeln können Sie sich sehr schnell wieder in Aufregung und Ärger versetzen. Lassen Sie die Vergangenheit ruhen. Besser ist es, wenn Sie Ihre Aufmerksamkeit auf etwas richten, was Sie lieben oder worüber Sie schmunzeln können.

Der fünfte Schritt soll verhindern, dass Sie sich gedanklich an dem festbeißen, was Sie aufgeregt hat. Solange Sie noch unruhig oder verärgert sind, kann es sein, dass Ihre Gedanken immer wieder um das aufregende Ereignis kreisen. Um Abstand zu bekommen, ist es wichtig, dass Sie Ihre Aufmerksamkeit in eine andere Richtung lenken. Egal, ob Sie die Wolken am Himmel beobachten oder an eine leidenschaftliche Szene aus Ihrem Liebesleben denken – Hauptsache, Sie kommen auf andere Gedanken.

Die Notfallregel in stressigen Zeiten: Zuerst ruhig werden, dann eine Entscheidung treffen.

3. Strategie zur Unverwundbarkeit

> *Weise Menschen sehen, dass alles Glück und Leid vom Geist abhängt.*
>
> LAMA ZOPA RINPOCHE

Viele Menschen beruhigen sich sehr schnell, wenn sie kurz darüber nachdenken, was in ihrem Leben *wirklich* wichtig ist. Ein Seminarteilnehmer erzählte mir, dass er ganz leicht aus jeder Aufregung herauskommt, wenn er an die Geburt seiner Tochter denkt, vor allem an den Moment, als er sie zum ersten Mal im Arm hatte: »Normalerweise bin ich ein sehr rationaler Mensch. Aber als ich unsere Kleine gleich nach der Geburt in meinem Arm hielt, da liefen mir die Tränen übers Gesicht und ich hab vor Freude nichts sagen können. Das hat mir gezeigt, worauf es im Leben wirklich ankommt. Was kann jetzt noch so wichtig sein, dass ich deswegen die Nerven verliere?«

Sorgen und Grübeln überwinden

Sorgen sind, wie Ärger und Aufregung, eine Art Selbstverletzung. Wir verwunden uns damit und sabotieren unsere innere Stärke. Wenn Sie sich Sorgen machen, dann verfügen Sie über eine besondere Gabe: Vorstellungskraft. Sie haben Fantasie. Diese Fähigkeit ist an sich sehr wertvoll, nur leider setzen Sie sie nicht sehr vorteilhaft ein. Wenn Sie besorgt sind, dann stellen Sie sich

Wenn wir uns Sorgen machen, missbrauchen wir unsere Vorstellungskraft.

etwas vor, was Sie nicht wollen. Sie lenken Ihre Aufmerksamkeit auf etwas Negatives.

Sich-Sorgen-Machen ist in gewisser Weise wie ein mentales Training. Sportler nutzen das mentale Training, um sich zu Höchstleistungen zu motivieren. Sie stellen sich vor einem Wettkampf einzelne Bewegungsabläufe vor oder malen sich aus, wie sie den Gegner besiegen. Wenn wir uns Sorgen machen, betreiben wir auch ein mentales Training, nur konzentrieren wir uns dabei auf die Niederlage oder den Verlust. Statt uns zu Höchstleistungen zu motivieren, versetzen wir uns in Angst und Schrecken.

> *Sorgen sind negative Gedanken an eine Zeit, die es im Moment nicht gibt. Um das Sorgenmachen zu beenden, müssen wir nur zurück in die Gegenwart kommen.*

Tatkraft statt Kopfzerbrechen

Hinter vielen Sorgen steckt ein unterdrückter Impuls, aktiv zu werden. Eigentlich wäre es wichtig, etwas zu tun, aber stattdessen bleiben wir passiv und machen uns Sorgen. Wie zum Beispiel dieser Mann, der bei mir in der Einzelberatung war. Er hatte erfahren, dass die Firma aus Kostengründen die Filiale, in der er arbeitete, schließen wird. Zuerst war es nur ein Gerücht, dann wurde es konkret verkündet: In sechs Monaten ist Schluss. Der Mann fing nun an, sich Sorgen zu machen. Wird er versetzt? Wenn ja, wohin? Behält er seinen Tätigkeitsbereich oder muss er sich in ein anderes Sachgebiet einarbeiten? Mit welchen Kollegen wird er zusammenarbeiten müssen? Wird er einen netten Chef bekommen, und wie lange wird er künftig zu seinem Arbeitsplatz fahren? Oder will die Firma etwa Leute entlassen und gehört er dazu? Mit solchen Spekulationen schlug er sich die Nächte um die Ohren. Diese Sorgen lassen sich leicht beenden – durch Tatkraft. Ich riet ihm, sich die fehlenden Informationen zu besorgen, damit er möglichst klar weiß, was die Firma plant. Darüber hinaus war es wichtig, dass er das Ganze nicht passiv über sich ergehen ließ, sondern aktiv wurde und seine Wünsche anmeldete. Ich fragte ihn, wo er innerhalb der Firma gern arbeiten würde oder ob er sich noch einen besseren Arbeitsplatz als seinen alten vorstellen könnte. Und mit wem er über seine Wünsche verhandeln müsste. Er wurde aktiv und nutzte die geplanten Veränderungen, um für sich eine Verbesserung zu erreichen. Und damit hörte er auch auf, sich Sorgen zu machen.

Sorgen sind gebremste Aktivität. Tun Sie etwas, statt herumzugrübeln.

Wenn sich um Sie herum alles verändert, dann ist das Ihre Chance, etwas Besseres zu bekommen. Entwickeln Sie eigene Wünsche und Ziele, statt einfach nur abzuwarten.

Wenn Sie sich gerade Sorgen machen, dann prüfen Sie zuerst, ob Sie konkret etwas tun können. Zum Beispiel sich informieren oder mit einem Experten oder mit anderen Betroffenen sprechen. Vielleicht können Sie sich auch ein Buch über das Thema besorgen. Der zweite Schritt besteht darin, sich mehr mit dem zu beschäftigen, was Sie sich wünschen. Wie soll die Sache für Sie ausgehen? Und gibt es jetzt etwas, was Sie vorbeugend dafür tun können?

Sorgen in Sorgfalt verwandeln

Fast alle, die sich selbstständig gemacht haben, sind zumindest am Anfang der Existenzgründung durch eine Sorgenzeit hindurchgegangen. Als ich damals den Sprung in die Selbstständigkeit wagte, war ich nicht nur optimistisch. Ich schwankte. Tagsüber gab es so viel zu tun, da war keine Zeit zu grübeln. Aber abends, wenn ich zur Ruhe kam, meldete sich in mir ein besorgter innerer Finanzminister. Dieser Teil meiner Seele warnte mich jedes Mal eindringlich vor dem Bankrott. Das regelmäßige Einkommen aus der Festanstellung fiel weg, die Ersparnisse steckten in den Büromöbeln und dem Computer, die riesigen Aufträge mit den großen Umsätzen waren noch nicht in Sicht. Woher, fragte mein innerer Finanzminister, soll nun das Geld zum Leben kommen? Wie soll die Miete bezahlt werden, die Krankenversicherung, das Essen und die Kleidung? Alle Ausgaben tanzten mir im Kopf herum, dazu Bilder von meinem Terminkalender mit vielen leeren Seiten und nur wenigen, kleinen Aufträgen. Hatte ich mit dieser Selbstständigkeit einen gewaltigen Fehler gemacht? Was, wenn alles nicht klappte? Dann müsste ich zuerst das Büro aufgeben, die Möbel und den neuen Computer wieder verkaufen. Aber die Sachen waren dann gebraucht und wie viel würde ich schon für gebrauchte Büromöbel bekommen? Keine Ahnung, aber es wäre zu wenig. Wie lange könnte ich die Miete für meine

> *Wenn Sie in Ihrem Leben vertraute Beziehungen oder Arbeitsverhältnisse verlassen, kann Angst entstehen. Diese Angst macht sich oft indirekt durch Sorgen bemerkbar. Fragen Sie sich: Was ist das Schlimmste, was mir passieren kann? Damit stoßen Sie direkt auf den Kern der Angst.*

3. Strategie zur Unverwundbarkeit

> *Fühlen Sie die Angst hinter den Sorgen.*
> *Weichen Sie nicht aus, sondern*
> *schauen Sie der Angst direkt ins Gesicht.*
> *Diese Fragen helfen Ihnen dabei:*
>
> - *Vor welchem Ereignis fürchte ich mich am meisten? Was ist für mich das Schlimmste?*
>
> - *Wie hoch ist die Wahrscheinlichkeit, dass es tatsächlich zum Allerschlimmsten kommt?*
>
> - *Wie sehr wird das Allerschlimmste mein Leben oder meinen Alltag verändern?*
>
> - *Was kann ich jetzt schon tun, um die möglichen Auswirkungen des Allerschlimmsten zu mildern oder dem vorzubeugen.*

Wohnung noch bezahlen und wann wäre ich obdachlos? Hilfe! Auf was hatte ich mich da nur eingelassen! Dieses Herumgrübeln war wie ein Besuch im Gruselkabinett mit anschließender Schlaflosigkeit. Und ich hatte in dieser Phase der Existenzgründung viele solcher hausgemachten Gruselveranstaltungen erlebt.

Frei von Aufregung, Ärger und Sorgen

Zwei Dinge halfen mir. Erstens: die Erfahrungen anderer Existenzgründer, die das Gleiche durchgemacht haben und mit denen ich über meine Sorgen reden und lachen konnte. Diese Menschen erzählten mir haargenau die gleichen Geschichten über ihre privaten Grusel-Sorgen-Abende. Ich war nicht allein. Zweitens half mir das genaue Rechnen. Ich fing an, alle Kosten, Einnahmen, Versicherungsbeiträge, fällige Steuern und Sparguthaben genauestens aufzulisten. Geplante Ausgaben, die jetzt nicht absolut notwendig waren, stellte ich zurück. Ich wollte ein kleines Geldpolster behalten, um für den schlimmsten Bankrottfall gerüstet zu sein. Ich habe es nie gebraucht. Aber ich wurde innerlich ruhiger, je sorgfältiger ich alle Möglichkeiten in Betracht zog. In der Zeit, als meine Sorgen Hochkonjunktur hatten, habe ich die Berechnungen fast jeden Abend auf den neuesten Stand gebracht. Mehr und mehr entstand bei mir das Gefühl, die Sache in den Griff zu bekommen. Ich rechnete verschiedene Situationen durch. Von der normalen Auftragslage bis hin zur völligen Pleite. Ich wusste, wie viel Geld ich in der jeweiligen Situation zur Verfügung hatte und wie lange ich mich damit über Wasser halten könnte. Der nebulöse Schrecken Ich-habe-zu-wenig-Geld verschwand und aus der Sorge wurde ein überschaubares Risiko. Zwar wusste ich im Februar noch nicht, wovon ich im November leben würde, aber es kamen Aufträge herein. Ich gab Seminare, aus denen neue Seminare entstanden. Ich wurde weiterempfohlen. Heute weiß ich, dass jede einzelne Sorge von damals überflüssig war. Aber ich lernte, wie ich Sorgen in Sorgfalt verwandeln kann.

> *Jetzt ist die Zeit, über die Sie sich früher Sorgen gemacht haben.*

3. Strategie zur Unverwundbarkeit

Die Macht, unsere Gedanken zu lenken

Sorgen können eine Angewohnheit werden. Wir denken immer in den gleichen, alten Kreisen. Und die graben sich bei jeder Umdrehung tiefer in unsere Seele hinein. So entstehen tiefe Spurrillen, in die neue Gedanken automatisch hineinrutschen.

Wenn wir uns Sorgen machen, dann lenken wir unsere Aufmerksamkeit auf ein Problem statt auf die Lösung. Wir vertiefen uns in etwas, was schwierig ist oder nicht geht, anstatt auf etwas, was funktionieren könnte. Wenn wir das oft genug wiederholen, graben sich die Sorgen immer tiefer in unser Denken und Fühlen hinein. Wir legen eine Art Trampelpfad im Gehirn an. Und wie von selbst gleiten unsere Gedanken in diese ausgetrete-

Trampelpfad im Gehirn – Sorgen, die sich im Kreis drehen

nen Bahnen. Wir drehen eine neue Runde mit den alten Unglücksvisionen.

Damit Sie das Sich-Sorgen-Machen stoppen können, ist es wichtig, Ihre Gedanken zu steuern. Dafür haben sich in der Praxis drei Methoden bewährt.

Hartnäckige Sorgen können Sie leichter in den Griff bekommen, wenn Sie sie nach außen bringen. Schreiben Sie Ihre Sorgen sehr genau auf oder malen Sie sie. Immer, wenn Sie das, was Sie beeindruckt, ausdrücken können, distanzieren Sie sich davon. Und Distanz ist der erste Schritt, um sich ganz davon zu lösen.

Anleitung zum Abbau von Sorgen

- **Legen Sie Sorgenzeiten fest:** Verhindern Sie, dass Sie zu jeder Tages- und Nachtzeit von Ihren Sorgen gequält werden. Wenn Sie sich schon beunruhigen, dann wenigstens zu einer Uhrzeit, die Sie bestimmen. Am besten suchen Sie sich einmal am Tag eine feste Zeit aus, die Sie dann auch begrenzen. Beispielsweise zehn Minuten Sorgen machen von 21 Uhr bis 21.10 Uhr.

- **Die Sorgen aufschreiben:** Falls Sie doch hin und wieder in den sorgenfreien Zeiten herumgrübeln, dann greifen Sie zu Papier und Bleistift und schreiben Sie Ihre Sorgen genau auf. Schreiben ist eine erprobte Methode, um seelische Vorgänge darzustellen und sich dann allmählich davon zu distanzieren. So drücken Sie Ihre Sorgen aus, wie Sie Zahnpasta aus einer Tube herausdrücken. Das hat auch den Vorteil, dass Ihre Sorgen jetzt nicht mehr ständig auf dem alten Trampelpfad in Ihrem Gehirn kreisen müssen. Wenn Sie sich an Ihre Sorgen erinnern wollen, dann können Sie das nachlesen. Aber achten

3. Strategie zur Unverwundbarkeit

Sie darauf, dass Sie Ihre Befürchtungen sehr konkret und genau beschreiben. Denn Ihre Vorstellungskraft ist ebenso konkret und genau. Viele Besorgnisse geben spontan ihren Geist auf, nachdem sie einmal detailliert in Worte gefasst und aufgeschrieben wurden.

■ **Aktiv werden oder loslassen:** Der wohl wichtigste Schritt, sich von seinen Sorgen zu befreien, ist das bewusste Tun und das bewusste Loslassen. Wenn Sie einen Stein im Schuh haben, dann werden Sie den Schuh kurz ausziehen und den Stein entfernen. Alles Nachdenken, Spekulieren oder Verzweifeln ändert nichts, nur das Tun kann das unbequeme Drücken beenden. Wenn es etwas gibt, was Sie vorbeugend tun können, um ein Risiko abzumildern, dann tun Sie das. Wenn Sie Sorgen haben, gegen die Sie jetzt konkret nichts tun können, dann lassen Sie sie los. Hören Sie auf, an die Zukunft zu denken, und kommen Sie zurück ins Jetzt, in diesen Moment. Bleiben Sie bei dem, was jetzt ist. Wenn Sie überhaupt an die Zukunft denken wollen, dann stellen Sie sich eine wohltuende Zukunft vor, die Sie sich wünschen, statt sich in das hineinzudenken, was Sie sich nicht wünschen. Sie haben immer die Wahl, welche Gedanken Sie sich machen.

Sorgen ganz loslassen: Stoppen Sie jeden sorgenvollen Gedanken. Wenden Sie sich dem Jetzt zu. Schauen Sie sich um, suchen Sie nach etwas Schönem für Ihre Augen. Lauschen Sie den Geräuschen des Alltags. Werden Sie aufmerksam für Ihren Körper. Atmen Sie tief, so, als würden Sie die Luft zum ersten Mal entdecken.

Aufregung, Ärger und Sorgen sind weit mehr als nur lästige Quälgeister in unserer Seele. Wenn sie zu groß werden, können sie uns nicht nur erschöpfen, sondern auch buchstäblich krank machen. Wenn Sie Ärger, Aufregung und Sorgen in Ihrem Geist meistern, dann bekommen Sie automatisch zwei wertvolle Geschenke: Gelassenheit und mehr Energie. Ihr Leben wird leichter, weil Sie sich von diesem Ballast befreit haben. Und falls Sie sich bisher gern aufgeregt, viel geärgert und sich auch einige Sorgen gemacht haben, dann sind Sie wahrscheinlich ein sehr leidenschaftlicher Mensch. Ein Mensch, der viel Kraft in sich hat. Jetzt wissen Sie, wie Sie diese Kraftvergeudung beenden können. Ich bin neugierig, wohin Sie Ihre Leidenschaft jetzt lenken.

3. STRATEGIE ZUR UNVERWUNDBARKEIT

So befreien Sie sich von Ärger, Aufregung und Sorgen

- **Hören Sie auf zu verurteilen**
Ein negatives Urteil ist der erste Schritt, um eine Gedankenlawine auszulösen. Stoppen Sie deshalb alle Verdammter-Mist-Gedanken.

- **Den Ärger oder die Aufregung loslassen**
Nehmen Sie ein paar tiefe Atemzüge. Pusten Sie den Stress aus Ihren Lungen. Bewegen Sie sich. Je stärker die Aufregung war, desto heftigere Bewegungen brauchen Sie, um den Bann zu brechen.

- **Setzen Sie Ihre Vernunft wieder ein**
Denken Sie daran, dass das, was Sie aufregt, nur eine Kleinigkeit ist. Fühlen Sie das Gefühl, das noch durch Ihre Adern tobt. Und wenn Sie sich beruhigt haben, dann nehmen Sie Ihren Humor und Ihre Lebenserfahrung, um die Sache in den Griff zu bekommen.

- **Bestimmen Sie eine feste Sorgenzeit**
Setzen Sie fest, wie viele Minuten Sie sich Sorgen machen wollen und um welche Uhrzeit das geschehen soll. Und schreiben Sie die Sorgen auf. Was Sie schriftlich haben, müssen Sie nicht mehr im Kopf behalten.

- **Machen Sie einen Aktionsplan**
Welche konkreten Schritte können Sie gegen Ihre Befürchtungen tun? Handeln Sie, statt herumzugrübeln.

- **Loslassen**
Wenn Sie nichts tun können, dann entspannen Sie sich und stoppen Sie alle Gedanken an die Zukunft. Richten Sie Ihre Aufmerksamkeit auf das, was jetzt ist.

So kann Kritik Sie nicht mehr verletzen

→ **Woran Sie gute Kritik erkennen**
→ **Wie Sie Ihr Königreich verteidigen können**
→ **Wie Sie mit Leuten fertig werden, die sich ständig einmischen**
→ **So gehen Sie selbstbewusst mit Ihren Fehlern um**
→ **Wie Sie einen Türmchenzerstörer rechtzeitig erkennen und abwehren**

Die Sache mit der Kritik kann sehr verwirrend sein. Denn nicht alles, was sich so nennt, ist auch tatsächlich Kritik. Oft handelt es sich um eine Mogelpackung. Da steht zwar Kritik drauf, es ist aber etwas ganz anderes drin. »Es muss doch möglich sein, ganz sachlich Kritik zu üben«, sagte ein Abteilungsleiter zu mir. »Das ist möglich«, antwortete ich. »Wie kritisieren Sie denn Ihre Mitarbeiter?« Er antwortete resolut: »Also, wer Bockmist angerichtet hat, muss es sich gefallen lassen, dass ich ihm das auch unter

> *Wenn Ihnen jemand eine unsachliche Kritik an den Kopf wirft, dann treten Sie innerlich einen Schritt zurück und machen Sie sich klar, was zu Ihnen und was zum anderen gehört. Grenzen Sie sich ab. Ihr Gegenüber ist für seine Meinung oder sein Unbehagen selbst zuständig. Sie müssen nicht darauf eingehen.*

Daran erkennen Sie eine gute Kritik: Respekt für die Person, präzise Worte und genaue Angaben, verständlich ausgedrückt – ohne Vorwurf oder Schuldzuweisung.

Untersuchen Sie die Kritik. Stellen Sie Fragen, um herauszufinden, ob Ihr Kritiker es ernst meint oder nur seine schlechte Laune loswerden will.
»Was genau stört Sie daran?«
»Wie hätte ich das besser machen können?«
»Wie wärst du an die Sache herangegangen?«
Das sind Fragen, die den Kritiker zur Zusammenarbeit anregen.

die Nase reibe.« – »Ich verstehe«, antwortete ich, »genau so funktioniert es nicht.« Auch wenn er es Kritik nennt, das ist keine.

Wenn etwas schief gelaufen ist und jemand bekommt deshalb schlechte Laune und lässt diese schlechte Laune am »Schuldigen« aus, dann ist dies keine Kritik. Wenn jemand hingeht und dem anderen eine Standpauke hält, ihm den Kopf wäscht und ihm den »Bockmist unter die Nase reibt«, dann ist das keine Kritik. Wenn jemand jammert, weil alles den Bach runtergeht und er deshalb so leiden muss – auch keine Kritik. Jetzt kommt's: Kritik ist ein wertvolles Geschenk an denjenigen, der kritisiert wird. Gute Kritik zeigt einen neuen, besseren Weg auf. Sie trennt das Falsche von dem, was gut und ausbaufähig ist. Wirksame Kritik ist immer, wirklich immer mit einem absoluten Respekt für die Person verbunden. Eine solche Kritik ist wirksam, weil sie bereichert. Auf den Punkt gebracht bedeutet es: Wenn Sie jemanden nicht wirklich wertschätzen und achten können, dann wird Ihre Kritik immer nach Angriff oder Herabsetzung klingen. Derjenige, der so »kritisiert« wird, geht in eine innere Abwehrhaltung und lässt den Rollladen runter. Wenn es gut läuft, macht er oder sie einfach nur dicht. Wenn es schlecht läuft, geht der Kritisierte zum Gegenangriff über. Damit Sie unverwundbarer gegenüber Kritik werden, ist es wichtig, dass Sie sorgfältig prüfen, ob Sie gut kritisiert werden oder ob Ihr Gesprächspartner lediglich seinen Unmut bei Ihnen ablässt.

Woran Sie nützliche Kritik erkennen

Ich selbst schätze gute Kritik sehr hoch ein und bitte auch darum, ja, ich bezahle dafür, dass bestimmte Leute zum Beispiel meine Texte und Seminarunterlagen vorab lesen und auseinander nehmen. Ich liebe es, meine Arbeit ständig zu verbessern, und brauche dafür von kompetenten Menschen eine klare Rückmeldung. Ich bin zutiefst dankbar, wenn meine Seminarteilnehmer das Seminar kritisch unter die Lupe nehmen. Aus dieser Kritik habe ich eine Menge gelernt, vieles verbessert, und was nicht gut funktioniert hat, habe ich weggelassen. Mein Erfolg als Trainerin und Autorin beruht auf vielerlei Kritik von außen. Allerdings lasse ich mich nicht von jedermann kritisieren. Ich setze meine persönliche Macht ein, um meine

> *Manche Menschen beherrschen die Kunst der Kritik nicht, aber diese Leute haben Ihnen vielleicht etwas Nützliches zu sagen. Deshalb lohnt es sich, in Ruhe zuzuhören und später das Ganze zu sortieren. Antworten Sie einfach unpersönlich: »Danke. Ich werde über das, was Sie gesagt haben, nachdenken.«*

Kritiker gezielt auszuwählen. Es gibt eindeutige Erkennungsmerkmale, durch die man die brauchbaren Kritiker von den unbrauchbaren unterscheiden kann.

4. Strategie zur Unverwundbarkeit

Gute Kritik ist ein Geschenk

Gute Kritiker sind Leute ...

... die ein echtes Interesse an der Sache haben und Ihnen wohlgesonnen sind. Neidhammel und Giftzwerge sind nicht qualifiziert, um Kritik zu üben.

... die kompetent sind und etwas von der Sache verstehen. Übrigens: Wer Ihre Produkte oder Dienstleistung kauft oder benutzt, der ist auch kompetent genug, um Verbesserungsvorschläge zu machen.

... die sich richtig ausdrücken können, also verständlich und präzise sagen können, was genau verbessert werden könnte.

Ein gutes Kritikgespräch setzt voraus, dass alle Beteiligten aufnahmefähig sind. Kann derjenige, der kritisiert wird, konzentriert zuhören oder ist er abgelenkt? Und hat der Kritiker überhaupt Zeit, sich auf ein echtes Gespräch einzulassen? Ohne Aufnahmefähigkeit – kein Erfolg.

Jeder, der kritisiert wird, hat auch das Recht mitzubestimmen, wann und wo das geschehen kann. Kleinigkeiten lassen sich vielleicht zwischen Tür und Angel besprechen, aber wichtige Sachen brauchen einen passenden

Rahmen: Tür zu, unter vier Augen, sich hinsetzen, Zeit haben. Darüber hinaus gibt es aber eine wichtige Entscheidung, die derjenige, der kritisiert wird, vorab zu treffen hat. Die Entscheidung darüber, ob er oder sie sich überhaupt kritisieren lassen will. Es gibt nämlich Angelegenheiten, die gehen andere nichts an.

Verteidigen Sie Ihr Königreich

Ich habe in meinen Seminaren zahlreiche Beispiele gesammelt, bei denen der Kritiker oder die Kritikerin das eigentliche Problem waren. Wie zum Beispiel bei Julia. Sie kann gut Auto fahren, aber sowie ihr Mann auf dem Beifahrersitz mitfährt, beginnt die Sache schwierig zu werden. Er kritisiert fast jede Entscheidung, die sie trifft. Mal ist sie seiner Meinung nach zu langsam, mal zu schnell. Mal schaut sie zu wenig in den Rückspiegel und dann wieder nicht genug nach vorn. Wie gesagt, Julia kann gut Auto fahren. Allerdings kommt sie neben ihrem Mann buchstäblich ins Schlingern. Je länger die Autofahrt dauert, desto unsicherer wird sie.

> *Unterscheiden Sie zwischen Kritik und Einmischung. Vieles in Ihrem Leben geht andere nichts an. Ziehen Sie eine klare Grenze: »Interessante Meinung, die du da hast. Das beurteile ich allein.«*

Sollte ihr Mann seine Kritikmethode verbessern? Nein. Das Problem sind nicht Julias Leistungen am Lenkrad. Das Problem ist ihr überkontrollierender, vielleicht ängstlicher Ehemann. Julia braucht kein besseres Kritikgespräch, sondern die Fähigkeit, ihrem Mann Grenzen zu setzen. Er hat sich in etwas eingemischt, was ihn eigent-

4. Strategie zur Unverwundbarkeit

lich nichts angeht. Denn wer hinter dem Lenkrad sitzt, bestimmt, wie das Auto gefahren wird. Wem der Fahrstil des Fahrers nicht passt, nimmt sich ein Taxi. Der Beifahrer darf vielleicht die Straßenkarte lesen oder Bonbons auswickeln. Aber es kann nur einen Fahrer oder eine Fahrerin geben. Für Julia ist es wichtig, ihre Position als Bestimmerin zu verteidigen und ihrem Mann deutlich zu signalisieren: Hier will ich nicht von dir kritisiert werden. Schwer zu sagen, wie sie das bewerkstelligen kann. Es hängt davon ab, wie ängstlich ihr Mann ist und wie machtvoll sie ihre Forderungen anbringen kann. Vielleicht ist es anfangs notwendig, dass sie sehr

Grenzen ziehen funktioniert nur, wenn Sie dabei mit sich selbst im Reinen sind. Legen Sie zuerst fest, was andere nichts angeht, und dann vertreten Sie diese Grenze konsequent, ohne sich dabei aufzuregen.

Verteidigen Sie Ihr Hoheitsgebiet

konsequent reagiert und ihm bei der nächsten Einmischung mit den drei R droht: Rechts ran und du bist raus.

Handelt es sich um eine berechtigte Kritik oder um eine Einmischung in die inneren Angelegenheiten? Vor dieser Frage stand auch Thomas. Er musste sich jede Menge Kritik von seinem Vater anhören. Denn Thomas weigerte sich, in die Fußstapfen seines Vaters zu treten und auch Jurist zu werden. Sein Vater hatte sich immer gewünscht, dass sein Sohn die Anwaltskanzlei übernimmt. Thomas aber hatte sich eine eigene Sportschule aufgebaut und war damit rundum zufrieden. Aber auf jedem Familientreffen bekam er die beißende Kritik seines Vaters zu hören. Der fand es lächerlich, dass sein Sohn anderen das »Herumhopsen« beibrachte und am Schweiß seiner Kunden verdiente. Eine berechtigte, ernst zu nehmende Kritik? Nein. Hier geht es wieder um den Unterschied zwischen Kritik und Einmischung in die inneren Angelegenheiten. Denn wie wir leben und arbeiten, wie wir uns kleiden, wie wir unsere Freizeit verbringen und wie wir den Käse aufs Brot legen – all das ist unser ureigenes Hoheitsgebiet. Hier sind wir König oder Königin, hier regieren wir. Erwachsene Kinder bestimmen über ihr Königreich und Eltern bestimmen über ihr eigenes.

> *Bestimmen Sie über Ihr eigenes Hoheitsgebiet und respektieren Sie das Hoheitsgebiet anderer Menschen – besonders wenn diese Ihnen nahe stehen. Verbundenheit und Freundschaft können nur gedeihen, wo es auch Bereiche der Nichteinmischung gibt.*

Grenzen Sie Ihr Hoheitsgebiet ab

Klare Grenzen um unser Hoheitsgebiet herum sorgen dafür, dass wir gut mit anderen Menschen auskommen. Jeder entscheidet, wie er leben will, und jeder trägt selbst die Konsequenzen seiner Entscheidungen. Um unverwundbarer zu sein, grenzen Sie Ihr Königreich deutlich ab. Es gibt Dinge, die entscheiden Sie selbst und da darf sich ungebeten niemand einmischen. Natürlich können Sie nicht verhindern, dass andere darüber ihre Meinung äußern, aber das ist keine Kritik, sondern schlicht eine Meinungsäußerung. Jeder darf denken und meinen, was er will, aber Sie entscheiden über Ihr Leben selbst. Manchmal ist es sinnvoll, wenn wir die Grenzen klar abstecken, besonders wenn die Einmischung von anderen lästig wird und die Atmosphäre vergiftet. Dabei müssen Sie nicht aggressiv werden oder anfangen zu kämpfen. Es reicht, wenn Sie die Meinung Ihres Gegenübers einfach links liegen lassen. Etwa so: »Das sind deine Ansichten. Die habe ich gehört.« Und dann nichts weiter. Wenn Sie höflich sein wollen, dann fügen Sie noch hinzu: »Darüber werde ich nachdenken.« Punkt und Schluss. Lassen Sie die Meinung des anderen vom Winde verwehen. Das ist die einfachste Methode, mit der Sie die Einmischung beenden können. Es gibt keine Diskussion, wenn Sie es nicht wollen. Ihr Gegenüber bekommt einfach keine Aufmerksamkeit von Ihnen.

> *Jeder Kritiker sagt durch seine Kritik vor allem etwas über seine eigenen Normen und Maßstäbe und das, was er richtig oder falsch findet. Prüfen Sie, ob das auch Ihre Normen und Maßstäbe sind. Sie müssen nicht das Richtig und Falsch einer anderen Person übernehmen.*

Im Fall von Thomas ist außerdem noch ganz ratsam, wenn er die guten Absichten seines Vaters würdigen kann. Die meisten Eltern kritisieren ihre erwachsenen Kinder nicht aus Bosheit, sondern weil sie andere Vorstellungen von einem ordentlichen Leben haben. Thomas kann seinem Vater deutlich sagen: »Ich verstehe, dass du es gut mit mir meinst. Und ich bin zufrieden, so, wie ich arbeite.« Er muss seinen Vater nicht davon überzeugen, wie großartig die Sportschule ist und wie langweilig eine Rechtsanwaltskanzlei wäre. Jeder darf seine Meinung behalten. Und jeder ist für sein Königreich selbst verantwortlich.

Wie Sie eine ungebetene Kritik oder eine Einmischung gelassen ignorieren:
»Das ist deine Meinung. Darüber werde ich nachdenken.«
»Interessante Sichtweise. Das lass ich mir durch den Kopf gehen.«
»Hoppla! Du hast ja bemerkenswerte Ansichten.«
Punkt. Mehr gibt's nicht zu sagen.

Hilfe annehmen – Einmischung verhindern

Wenn Sie sich gegen Einmischung von anderen wehren wollen, dann ist es ganz sinnvoll, wenn Sie etwas in Ihrer Kommunikation überprüfen. Vielleicht neigen Sie dazu, andere einzuladen, sich bei Ihnen einzumischen. Das geschieht oft ganz unbewusst, wenn Sie unsicher sind oder nicht mehr weiterwissen. Für andere ist Ihre Unsicherheit so, als würden Sie ein T-Shirt tragen mit der Aufschrift: »Ich brauche Hilfe. Einmischung erwünscht.« Und das lockt Helfertypen und Besserwisser an. In Windeseile erhalten Sie eine Menge Ratschläge von der Sorte »Nein, das machst du vollkommen falsch. Du musst das ganz anders

4. Strategie zur Unverwundbarkeit

anpacken.« Dabei ist es vollkommen in Ordnung, unsicher zu sein und manchmal auch nicht weiterzuwissen. In einem solchen Fall gibt es zwei Methoden, wie Sie sich unliebsame Einmischungen vom Hals halten können. Sie fragen eine Person, der Sie vertrauen, gezielt um Rat. Damit ergreifen Sie die Initiative und zeigen, dass Sie sehr selbstbewusst mit Ihrer Unsicherheit umgehen. Die Leute merken, dass Sie nicht weiterwissen, aber dabei zugleich auch stark sind. Wenn Sie ab und zu nicht ganz so selbstsicher sind, können Sie trotzdem gelassen bleiben. Hören Sie sich einfach die Ratschläge anderer Leute an, bedanken Sie sich dafür und machen Sie allen klar, dass Sie selbst – und nur Sie – eine Entscheidung treffen. Und falls man Sie mit den Worten »Du musst unbedingt ...« sehr unter Druck setzt, dann werden Sie etwas unpersönlicher. Halten Sie kurz inne und antworten Sie mit einem der berühmtesten Sätze der Gelassenheit: »Darüber werde ich nachdenken.«

> *So werden Sie mit Helfertypen fertig:*
> *Es ist absolut in Ordnung, unsicher zu sein. Bleiben Sie in Ihrer Unsicherheit vollkommen selbstsicher und bitten Sie ruhig andere Menschen um Ratschläge. Aber signalisieren Sie auch, dass Sie in Ihrem Königreich regieren und nicht bevormundet werden wollen.*

Kein Wachstum ohne Fehler

Um unverwundbarer gegen Kritik zu werden, brauchen wir eine gesunde Einstellung zu den Dingen, die wir falsch machen. Wer mit seinen Fehlern nicht selbstsicher umgeht, hat ständig Angst, kritisiert zu werden. Die meisten von uns haben früher gelernt, dass eigene Fehler mit Scham- und Schuldgefühlen oder mit Strafe verbunden sind. »Du hast die Tasse kaputtgemacht. Schäm dich! Dafür gehst du heute ohne Abendbrot ins Bett.« Mangelndes Selbstbewusstsein führt dazu, dass Fehler vertuscht werden oder man versucht, sie anderen unterzuschieben. Je weniger verwundbar wir sind, desto mehr Rückgrat können wir aufbringen, wenn wir etwas falsch gemacht haben. Unverwundbarkeit ist auch hier eine Sache der inneren Einstellung.

Nur wer im Koma liegt, macht keine Fehler.

Die wohl beste Lektion in Sachen selbstbewusster Umgang mit eigenen Fehlern bekam ich in einem Schauspielkurs für Laiendarsteller. Ich war dort Teilnehmerin und wir hatten einen ausgezeichneten Lehrer, der uns alle wirklich herausforderte. Der Kurs bestand aus vielen Sprech- und Körperübungen. Die größten Schwierigkeiten hatte ich bei den Übungen, bei denen es um Rhythmus ging. An eine Übung erinnere ich mich besonders. Alle standen im Kreis und durch das Klatschen mit den Händen wurde ein bestimmter Rhythmus in der Gruppe weitergegeben. Aber dieser Takt änderte sich andauernd. Es war echt nicht leicht. Jedes Mal, wenn ich falsch klatschte, fluchte ich vor mich hin: »Verdammt! Schon wieder verkehrt.« Oder: »O Gott, das krieg ich einfach nicht hin.«

Sie werden unverwundbarer, wenn Sie sich klar machen, dass Sie hin und wieder Fehler machen und dass diese Fehler nichts mit Ihrem Wert als Person zu tun haben. Sie sind in jedem Fall kostbar, gleichgültig, was Ihnen im Leben schon danebengegangen ist.

4. Strategie zur Unverwundbarkeit

Zum Glück hörte ich ähnliche Flüche von ein paar anderen Taktlosen aus der Gruppe. Plötzlich unterbrach der Lehrer die Übung und sagte etwas, was mich sehr beeindruckte. Ich weiß den genauen Wortlaut nicht mehr, aber es klang etwa so: »Wenn ihr aus dem Takt kommt und laut darüber schimpft, dann macht ihr viel zu viel Wind. Ihr vertieft damit den Fehler zu sehr und vergesst das, was ihr eigentlich wolltet, nämlich den Takt wieder aufnehmen. Bitte konzentriert euch nicht auf die Fehler, sondern macht es sofort besser und geht so schnell wie möglich in den Rhythmus zurück.« Ich stöhnte auf: »Aber der Takt ändert sich ständig und man muss so verdammt aufpassen. Das ist so schwer!« Unser Lehrer schmunzelte: »Ja, genau. Die Übung ist so angelegt, dass früher oder später jeder aus dem Takt kommt. Die Übung ist dazu da, damit ihr lernt, mit euren Fehlern ohne viel Aufwand fertig zu werden. Barbara, versuch doch mal, ob es auch ohne lautes Fluchen geht.« Das war das Beste, was mir je ein Mensch zum Thema Fehler gesagt hat. Hier gab es keine Beschämung, kein »Du kannst das nicht«, kein »So geht das nicht weiter, streng dich mal an!«. Hier gab es nur die Feststellung: Das war ein Fehler und so geht's besser.

Und tatsächlich: Je weniger ich schimpfte, umso leichter fiel mir die Übung. Ich kam immer seltener aus dem Takt.

> *Kein Fehler wird rückgängig gemacht durch Fluchen oder Selbstbeschimpfungen. Damit bringen wir nur unseren Geist in Aufruhr und blockieren unsere Fähigkeit, das Problem zu lösen.*

> *Wer sich bewegt, macht auch Fehler. Wenn wir etwas Neues anpacken, gehören ein paar Dummgelaufen-Episoden dazu.*

Aber vor allem begriff ich eines: Wer lebt, ohne Fehler zu machen, liegt wahrscheinlich im Koma. Wer sich bewegt, macht hin und wieder etwas falsch. Beschämung und Schuldgefühle bringen nichts wieder in Ordnung, sondern sind eine gigantische Kraftvergeudung. Unsere Kraft ist viel besser angelegt, wenn wir das, was wir falsch gemacht haben, korrigieren. Das kann durch eine Entschuldigung geschehen. Oder wir ersetzen das, was kaputtgegangen ist und entschädigen die Leute, die gelitten haben. Kritik kann Sie nicht mehr verletzen, wenn Sie bei einem Fehler selbstbewusst sagen können: »Ja, das habe ich falsch gemacht«, und dann die Sache wieder ausbügeln.

> *Fehler sind zum Lernen da. Stehen Sie dazu, wenn Sie etwas falsch gemacht haben, und bringen Sie es wieder in Ordnung.*

Vorsicht! Hier kommt der Türmchenzerstörer

So mancher Kritiker ist gar kein Kritiker, sondern nur ein Türmchenzerstörer. Das sind Leute, die scheinbar etwas kritisieren, aber in Wirklichkeit vernichten sie das, worüber sie sprechen. Ich habe diese Menschen Türmchenzerstörer genannt, weil sie etwas gut können, was auch mein einjähriger Neffe perfekt hinbekommt: ein Türmchen umwerfen. Mein kleiner Neffe kann noch keine hohen Türme aus Bauklötzen bauen. Aber wenn ich einen baue, dann kann er den prima umlegen. Mit einer einzigen,

> *Türmchenzerstörer sind Leute, die mit wenigen Worten die Pläne, Ideen und Projekte anderer umwerfen.*

4. Strategie zur Unverwundbarkeit

fuchtelnden Armbewegung schafft er es, dass alle Bauklötze laut polternd zu Boden stürzen. Und dabei quietscht er vor Vergnügen. Unser Spiel geht so: Ich baue den Turm, er macht ihn mit Wonne kaputt. Ich glaube, er amüsiert sich so dabei, weil er seine Macht spürt. Eine einzige Bewegung von ihm hat einen ungeheuren Effekt. Und genau auf diesem Niveau sind manche Erwachsene stehen geblieben. Sie können nichts Eigenes erschaffen, aber sie zerstören sehr gern die Türmchen anderer Leute. Mit wenigen Sätzen werden Ideen, Pläne, Produkte oder Kunstwerke in Grund und Boden gestampft. Da heißt es dann: »Was du da gemacht hast, ist doch völlig daneben«, »Das ist doch eine selten blöde Idee«, »Damit werden Sie keinen Erfolg haben. Das garantiere ich Ihnen«, »Mal ganz ehrlich, du glaubst doch selbst nicht, dass das je funktionieren könnte?«.

Manche Türmchenzerstörer machen noch weniger Worte: »Alles Blödsinn!«, »Totaler Quatsch!«, »Absolut hirnrissig!«. Einen Türmchenzerstörer können Sie auf Anhieb erkennen. Entweder er trägt Windeln und ist ziemlich klein oder er ist erwachsen, findet alles schlecht und hat keine Verbesserungsvorschläge. Ein Türmchenzerstörer kann keine eigenen Türme bauen – jedenfalls nicht

> *Wenn eine Idee, ein Projekt oder ein Kunstwerk gerade geboren werden, dann sind sie am empfindlichsten. Zeigen Sie diesen zarten Keimling nicht einem Türmchenzerstörer.*

> *Erkennungstest für Türmchenzerstörer: Wenn jemand Sie kritisiert, dann fragen Sie den Betreffenden, was er an Ihrer Stelle machen würde. Von einem Türmchenzerstörer bekommen Sie keine aufbauenden Hilfen oder Tipps.*

in der Angelegenheit, um die es geht. Deshalb kann er auf die Frage »Wie würdest du es denn machen?« keine konkrete Antwort geben. Er oder sie wird bei dieser Frage ausweichen und sich schnell wieder aufs Kaputtmachen konzentrieren. Ein Türmchenzerstörer ist, ebenso wie mein Neffe, kein böser Mensch, sondern nur jemand, der sich kraftvoll fühlt, wenn er etwas umwirft. Allerdings kann ein unerkannter Türmchenzerstörer einiges an Unheil anrichten. So manche gute Idee ist nie verwirklicht worden, weil sie zuvor einem Türmchenzerstörer gezeigt wurde. Und so mancher kreative Mensch ist blockiert worden, weil er von einem Türmchenzerstörer Hilfe erwartet hat. Für alle, die im Leben noch etwas vorhaben, heißt es deshalb: Halten Sie sich fern von Türmchenzerstörern.

So leicht kann eine gute Idee blockiert werden

Oft klingen Türmchenzerstörer beim ersten Hinhören ganz vernünftig. Ich war auf einer Fortbildung und saß mit ein paar Leuten beim Mittagessen, die ich alle nicht kannte. Ein Mann erzählte mir, dass er gerade sein Psychologiestudium beendet hatte und nun Kommunikationstrainer werden wollte. Er hatte vor, noch einige andere Fortbildungen zu absolvieren und sich dann in ein bis zwei Jahren selbstständig zu machen. Ich wollte gerade sagen, dass ich auch Kommunikationstrainerin bin, als vom anderen Tischende jemand mit tiefer Stimme sagte:

> *Negative, entmutigende Botschaften wie »Alles wird immer schlimmer und schlechter« halten viele Leute für realistisch. Deshalb werden Türmchenzerstörer oft so ernst genommen.*

4. Strategie zur Unverwundbarkeit

»Kommunikationstrainer wollen Sie werden? Davon kann ich nur abraten. Die gibt es doch mittlerweile wie Sand am Meer.« Ich war still und der Psychologe auch. Wie sich herausstellte, war derjenige, der das gesagt hatte, ebenfalls Kommunikationstrainer. Er meinte, davon gäbe es schon zu viele auf dem Markt und die müssten sich einen immer kleineren Kuchen teilen. »Das hat einfach keine Zukunft. Sie müssen sich klar machen, dass Sie als Kommunikationstrainer in der heutigen Zeit kaum etwas verdienen werden«, sagte der Mann. Die anderen am Tisch nickten verständnisvoll und der Berufstraum des jungen Psychologen fiel polternd zu Boden. Er sagte immer noch nichts, guckte auf seinen Teller und stocherte im Essen. Und ich war ebenfalls vollkommen sprachlos. Mein Turm war auch ins Wanken geraten. Kommunikationstrainer – wie Sand am Meer? Das musste ja irgendwie stimmen, schließlich saßen ja schon zweieinhalb hier am Tisch. Sollte ich mich sofort umschulen lassen? Wie konnte ich denn bisher überhaupt mein Geld verdienen? Wie hatte ich all die Jahre nur meine Miete zahlen können? Reiner Zufall? Hatte ich seit Jahren nur Glück gehabt – entgegen jeder wirtschaftlichen Vernunft? Ich blätterte in Gedanken meine Kontoauszüge durch. Moment mal, ich verdiente doch Geld! Und wie sah meine Zukunft aus? Ich ging meinen Terminkalender fürs nächste Jahr durch – reichlich Seminare und jede Menge Vorträge. Also, was stimmte hier nicht? Wir hatten es mit einem Türmchenzerstörer zu tun.

Viele Türmchenzerstörer benutzen Ironie und Spott, um die Pläne und Vorhaben anderer umzustoßen. Wenn sich jemand über Ihre Ideen lustig macht, gehen Sie sofort in Ihren unpersönlichen Zustand. Hören Sie auf, über Ihr Vorhaben zu reden. Wechseln Sie das Thema.

Seine mahnende Stimme, die davon sprach, wie schlecht die Zeiten sind, hatte mich für einen kurzen Moment überzeugt und meinen zukünftigen Kollegen völlig entmutigt. Hut ab vor dieser beeindruckenden Schlagkraft! Dabei hat unser Türmchenzerstörer sicherlich keine schlechten Absichten gehabt. Vielleicht hat er in letzter Zeit ein paar deprimierende Erfahrungen gemacht und nur ganz ehrlich seine Meinung gesagt.

Wie Sie den Türmchenzerstörer schachmatt setzen

Türmchenzerstörer sind meistens Menschen, die im tiefsten Innersten resigniert sind und dann andere vor »großen Fehlern« warnen wollen. Statt aber nützliche Informationen zu liefern, Tipps zu geben oder Alternativen aufzuzeigen, werfen sie die Ideen anderer Menschen einfach um. Dennoch ist es ganz leicht, mit einem Türmchenzerstörer fertig zu werden, wenn man ihn erst einmal erkannt hat. Nachdem ich meine zuversichtliche Fassung wiedergewonnen hatte, beugte ich mich zu dem enttäuschten Psychologen und sagte mit meiner besten Verschwörerstimme: »Das sehe ich etwas anders. Als Kommunikationstrainer haben Sie gute Chancen.« Türme aufzubauen ist eine meiner Spezialitäten, wie mein kleiner

> *Wenn Sie die Türmchen anderer Menschen stärken wollen, dann hören Sie vor allem zu, ohne ein negatives Urteil zu fällen. Wenn Ideen und Projekte noch sehr neu sind, dann brauchen sie eine unvoreingenommene Aufmerksamkeit. Gestatten Sie anderen Menschen, eigene Erfahrungen zu machen.*

4. Strategie zur Unverwundbarkeit

> *Wie Sie mit einem Türmchenzerstörer gelassen fertig werden:*
>
> - *Bringen Sie Ihr Türmchen in Sicherheit. Besprechen Sie Ihre Ideen und Ziele nur mit Leuten, von denen Sie motiviert oder unterstützt werden.*
>
> - *Es reicht, wenn Sie mit einem knappen »Ach was!« die Meinung des Türmchenzerstörers beiseite schieben.*
>
> - *Verlangen Sie von einem Türmchenzerstörer nicht den Rückhalt, den er Ihnen nicht geben kann. Schließlich bekommen Sie von einem Ochsen auch kein Kalbfleisch.*

Neffe bestätigen kann. Ich erzählte von meinem beruflichen Werdegang und wie ich als Anfängerin zu meinen ersten Aufträgen gekommen bin. Und dass ich nie am Hungertuch genagt habe, aber am Anfang viel Existenzangst hatte. Da nickte auch der Türmchenzerstörer. Der Psychologe hörte sehr aufmerksam zu und langsam hellte sich sein Gesicht auf. Wir unterhielten uns noch lange nach dem Mittagessen und ich gab ihm alle Tipps und Empfehlungen, die ich auf Lager hatte. Genau diese wohltuende Unterstützung habe ich damals als Anfängerin von vielen Leuten erhalten, mit denen ich zusammengearbeitet habe. Heute ist es mir eine reine Freude, diese Unterstützung an andere weiterzugeben.

Noch einmal: Türmchenzerstörer sind keine bösen Menschen. Sie können mit ihnen Urlaub machen, Karten spielen, Tisch und Bett teilen. Aber Ihre Pläne und Ideen besprechen Sie besser mit Leuten, von denen Sie unterstützt werden. Niemand kann Sie schwächen oder entmutigen, wenn Sie das nicht zulassen. Sie finden garantiert die Unterstützung, die Sie brauchen, wenn Sie bereit sind, an der richtigen Stelle danach zu suchen.

4. STRATEGIE ZUR UNVERWUNDBARKEIT

Mit Kritik selbstsicher fertig werden

■ **Gehen Sie aktiv auf Leute zu und bitten Sie um eine konstruktive Kritik**
Wenn es irgendwie geht, suchen Sie sich Ihre Kritiker gezielt aus.

■ **Lassen Sie sich niemals auf Andeutungen ein**
Fragen Sie bei unterschwelligen Gerüchten oder dubiosen Anspielungen sofort nach, was los ist. Entweder Ihr Gegenüber redet Klartext oder Sie wollen nichts mehr davon hören.

■ **Was Sie mit der Kritik anfangen, entscheiden Sie selbst**
Ihr Kritiker macht Ihnen nur ein Angebot. Was Sie davon übernehmen, liegt ganz allein bei Ihnen.
Sie müssen nicht alles schlucken, was man Ihnen sagt.

■ **Stehen Sie selbstbewusst zu Ihren Fehlern**
Geben Sie es zu, wenn Sie etwas falsch gemacht haben, und bringen Sie die Sache wieder in Ordnung.
Schuld- und Schamgefühle sind dabei eine ungeheure Kraftverschwendung.

■ **Verteidigen Sie Ihr Königreich**
Es gibt Dinge, die nicht kritisierbar sind. Lassen Sie die Einmischungsversuche von anderen wirkungslos verpuffen. Wenn nötig, setzen Sie klare Grenzen.

■ **Lassen Sie nicht zu, dass Ihre Pläne, Ideen und Taten von einem Türmchenzerstörer umgeworfen werden**
Zeigen Sie Ihre Vorhaben nur Leuten, die Sie dabei unterstützen oder ermuntern.

Verschaffen Sie sich Respekt

- Wie eine Schlangengrube entsteht
- Die Schlangengrube entgiften
- Wie Sie verhindern, dass Sie wieder ins giftige Milieu abrutschen
- Warum Sie als Einzelner eine ganze Gruppe beeinflussen können
- Wann ist es Zeit, die Sachen zu packen und zu gehen?

Je mehr Ihre Selbstachtung wächst, desto weniger werden Sie eine respektlose Behandlung dulden. Sie haben es auf keinen Fall verdient, herabgesetzt oder attackiert zu werden – egal, was Sie gemacht haben. Selbst Ihr größter Fehler, Ihr schlimmster Patzer gibt anderen nicht das Recht, Sie zu entwürdigen. Das ist besonders wichtig, wenn Sie sich in einer Umgebung befinden, in der es üblich ist, dass sich die Beteiligten gegenseitig schlecht machen. So eine Umgebung nenne ich eine Schlangengrube. Schlangengruben können überall dort auftreten, wo Menschen zusammenleben oder -arbeiten. In Firmen und Behörden, in Mietshäusern und

Zeigen Sie, dass Sie wissen, wie wertvoll Sie sind, und verabschieden Sie sich von schlechter Behandlung.

Kleingartenvereinen, im Kegelclub und in der Gewerkschaft. Eine Schlangengrube ist ein Milieu, in dem Menschen zueinander mehr giftig als freundlich sind. Es wird viel gezischelt und gebissen. Die Umgangsformen gehen von unterschwelligen Sticheleien bis hin zum offenen Schlagabtausch. Es herrscht eine ständige Zwietracht, die nie wirklich geklärt wird. Eine andauernde Verstimmung ohne Erlösung.

Willkommen in der Schlangengrube

Wie entsteht eine Schlangengrube? Oft kann man die genauen Ursachen nur schwer nachvollziehen. Wie ich später noch zeigen werde, tragen alle zu dem giftigen Milieu bei. Allerdings haben die Mitglieder einer Schlangengrube häufig einige sehr einfache Erklärungen, nach dem Prinzip »Einer muss ja schuld sein«. Das ist das Sündenbock-Prinzip. »Dass hier so eine miese Stimmung herrscht, liegt nur am neuen Chef, der kann sich nicht durchsetzen.« Oder: »Seit die Familie XY hier eingezogen ist, gibt es nur noch Unfrieden im Haus.« Es kann tatsächlich sein, dass ein einzelnes Ereignis die Atmosphäre vergiftet hat. Aber dass sich dieses vergiftete Klima so ausbreiten konnte und sich so lange am Leben erhält, liegt an allen Beteiligten. Lassen Sie uns einen genaueren Blick darauf werfen, wie eine Schlangengrube funktioniert.

In einer Schlangengrube stricken alle an dem giftigen Muster mit. Und jeder schiebt dem anderen die Schuld in die Schuhe.

Oft lernen Menschen das Giftverspritzen schon im Elternhaus. In manchen Familien gehört ein rüder Schlangengruben-Tonfall zum normalen Tischgespräch. Das kann dann so klingen:

»Papa, die Idioten in der Schule haben mir den Vorderreifen von meinem Fahrrad verbogen.« Der Vater: »Sag mal, bist du so blöd oder tust du nur so blöd? Wie oft hab ich dir gesagt, lass das neue Rad zu Hause. Aber nein, unser Sohn hält sich ja für einen Oberschlaumeier und weiß alles besser. Dumm geboren und nichts dazugelernt. Das hast du jetzt davon.« Der Sohn antwortet aufgebracht: »Ich kann doch mit meinem Fahrrad machen, was ich will. Das kannst du doch nicht bestimmen! Du bist selber blöd!« Der Vater beugt sich drohend nach vorn: »Junger Mann, pass auf, mit wem du hier redest! So kannst du mit deinen randalierenden Schulkameraden reden, aber nicht mit mir. Noch ein Wort und du kannst was erleben! Ich kann ja wohl von dir Respekt erwarten.« Das mit dem Respekt wird schwer werden. Denn der Vater verlangt etwas, was er für seinen Sohn nicht übrig hat. Kinder schauen sich von ihren Eltern ab, welcher Tonfall in der Familie wirksam ist, also mit welchem Stil sich jemand durchsetzt, mit welchen Mitteln gestritten wird. Diese Art und Weise übernehmen die

Es gehört zu Ihrer persönlichen Macht, dass Sie sich das Milieu aussuchen, in das Sie hineinpassen. Nur Menschen mit einem niedrigen Selbstwertgefühl glauben, dass eine Schlangengrube für sie der richtige Platz ist.

Respekt ist die Kunst, den Menschen zu achten, auch wenn der ganz anders ist als wir selbst.

Wenn sich ein giftiges Klima in Windeseile ausbreitet, liegt es daran, dass die Beteiligten zu wenig persönliche Macht haben, um es zu stoppen.

Kinder. Die sprechen dann so, wie sie es von ihren Vorbildern übernommen haben. Und wenn sie Pech haben, dann behalten sie diesen Schlangengruben-Tonfall auch als Erwachsene bei. Übrigens: Jeder, der in einer solchen Familie groß geworden ist, kann sich neu entscheiden und auch in Bezug auf die Umgangsformen von zu Hause ausziehen.

Wie sich die giftige Kommunikation ausdehnt

Es gehört zum Wesen einer Schlangengrube, dass sich dort alle Beteiligten gegenseitig verletzen. Es ist, als würden sie in einer Sandkiste voller Glasscherben spielen. Vielleicht ist das am Anfang noch aufregend, aber irgendwann verwundet sich jeder an den scharfkantigen Scherben. Dazu ein Beispiel, das zeigt, wie schnell sich eine giftige Kommunikation ausbreiten kann und andere davon angesteckt werden. Dieses Schlangengrubengespräch fand auf dem Flur in einer Behörde statt. Zwei Mitarbeiterinnen trafen sich und gingen zusammen in die Kantine zum Mittagessen. Die eine zur anderen: »Ist das ein neues Kostüm? Ganz reizend. Wieder die Haushaltskasse geplündert? Da müssen deine Lieben zu Hause die nächsten Tage sicherlich Eintopf essen. Haha.« Die Angesprochene lachte mit, gab aber sofort auch Kontra: »Ach nein, das Kostüm hab ich ganz billig aus einem Secondhandladen. Aber schließlich will ich auch nicht so rumlaufen wie du. Deine Klamotten sehen so aus, als kämen sie vom Flohmarkt. Haha.« Die andere

Sie können ein Gespräch, das giftig wird, an jeder Stelle unterbrechen.
Sie sind nicht gezwungen, bei etwas mitzumachen, was Ihnen wehtut.

> *Macht ist (beinahe) alles, was zählt!*
> *Machtlosigkeit ist ein Geisteszustand.*
> *Wenn Sie sich für machtlos halten, sind*
> *Sie es auch.*
>
> Tom Peters

konnte darüber nicht mehr lachen und blieb stehen: »Also ich kann mir Sachen leisten, die Qualität haben. So billig wie du will ich nicht aussehen.« Aus dem »lustigen« Gezischel wurde ein giftiger Biss. Die gebissene Kollegin giftete zurück: »Wenn hier etwas billig ist, dann sind es deine Kommentare. Wie ich mich anziehe, geht dich nichts an.« Jetzt kam eine dritte Kollegin dazu, die beide kannte. Sie wurde sofort mit in den Streit hineingezogen: »Gut, dass Sie da sind, Frau Meier. Meinen Sie auch, dass ich billig bin?« Frau Meier guckte verdutzt und sagte: »Nein, auf keinen Fall. Wie kommen Sie auf billig?« Die andere: »Ich hab nie gesagt, dass du billig bist. Du lügst ja!« – »Das hast du gerade eben gesagt. Hier, Frau Meier, Sie haben das doch gehört. Sie können das bezeugen.« Frau Meier wollte etwas sagen, aber das ging unter, weil eine der beiden Kolleginnen wieder lauter wurde: »Ja wunderbar, jetzt sind es schon zwei gegen eine. Sag mal, kannst du denn nicht für dich alleine sprechen. Dir gehen wohl die Argumente aus und jetzt holst du dir Verstärkung.« Nun wurde auch Frau Meier ärgerlich: »Hören Sie auf! Ich bin ganz friedlich dazugekommen und weiß überhaupt nicht, was los ist. Aber Sie schreien hier den ganzen Flur zusammen. Können Sie sich nicht ein bisschen zusammenreißen?« – »Also wenn

5. Strategie zur Unverwundbarkeit

ich hier von zwei Seiten angegriffen werde, dann darf ich mich ja wohl wehren. Außerdem lass ich mir von Ihnen, Frau Meier, nicht den Mund verbieten.« Der Streit ging weiter. Aber die Szene reicht, um zu zeigen, wie schnell aus einer scheinbar harmlosen Stichelei ein handfester Konflikt werden kann.

In einer Schlangengrube entstehen schnell offene Feindschaften, verschiedene Lager, heimliche Bündnisse und Prügelknaben. Wer sich bemüht, neutral zu bleiben, den versuchen die verschiedenen Streitparteien auf ihre Seite zu ziehen. Oder der Betreffende wird im Extremfall zum Sündenbock gemacht. Eine Schlangengrube ist der ideale Nährboden für Intrigen und Mobbing. Obwohl dort Leute zum Teil hart attackiert oder sogar rausgeekelt werden, gibt es niemanden, der wirklich gewinnt oder der sich dort wohl fühlt. Es gibt nur Verlierer, die sich bemühen, wenigstens hin und wieder obenauf zu sein. Grundsätzlich fehlt es allen Beteiligten an persönlicher Macht, mit der sie diese unwürdigen Streitereien beenden könnten. Und so schiebt jeder dem anderen die Schuld in die Schuhe: »Die hat angefangen mit blöden Bemerkungen. Ich seh nicht ein, warum ich immer nachgeben soll!« – »Also ich muss mir doch nicht alles bieten lassen. Wenn ich so dumm angemacht werde, dann habe ich doch wohl das Recht, mich zu wehren!« Das

Die eigentliche Ursache für Mobbing und Intrigen ist ein giftiges Milieu, in dem Angst, Neid und Rivalität die Oberhand haben.

»Wie du mir, so ich dir« ist das Prinzip der Ohnmacht. Das Prinzip der persönlichen Macht lautet: »Du bist für das verantwortlich, was du tust und sagst. Und ich entscheide, wie ich darauf reagieren will.«

sind keine selbstbewussten Aussagen, sondern Rechtfertigungen, die aus der Ohnmacht kommen. Weil alle immer wieder bei diesem unwürdigen Spiel mitmachen, können sich Schlangengruben über Jahre, ja sogar über Jahrzehnte am Leben erhalten. Vergeben und vergessen – das gibt es in einer Schlangengrube nicht. Die Beteiligten sammeln sorgfältig sämtliche Vergehen der Gegenseite und alle Kränkungen, die ihnen zugefügt wurden. Alles wird fein säuberlich als Erinnerung gespeichert und kann jederzeit wieder aufgewärmt werden. »Sie sind jetzt mal ganz still. Sie haben es ja nicht mal für nötig gehalten, die Glückwunschkarte der Kollegen an mich mit zu unterschreiben, damals 1983, als ich dreißig wurde. Da stand Ihre Unterschrift nicht auf der Karte.«

Schluss mit giftig!

Wenn etwas wirklich nicht zusammenpasst, dann sind es Unverwundbarkeit und eine Schlangengrube. In einem giftigen Milieu werden Sie verletzt und wahrscheinlich verletzen Sie dort auch andere. Hier gibt es nur eins: Das Muster des gegenseitigen Schlechtmachens unterbrechen und die Schlangengrube entgiften.

Um aus der Schlangengrube herauszukommen, ist es nicht immer nötig, ganz und gar wegzugehen. Sie können auch bleiben und die Schlangengrube entgiften. Dabei ist es wichtig, dass Sie aus dem giftigen Verhalten aussteigen. Denn durch Angriff und Schlechtmachen können Sie andere nicht dazu bewegen, mit

> *Sie können das Muster der gegenseitigen Herabsetzungen unterbrechen, indem Sie einfach damit aufhören.*

5. Strategie zur Unverwundbarkeit

Verlassen Sie die Schlangengrube

Der Ausstieg aus dem giftigen Milieu beginnt mit einem wichtigen Wort: einem klaren Nein.

dem Schlechtmachen aufzuhören. Ähnlich wie Sie durch Respektlosigkeit niemandem Respekt beibringen können. Sie brauchen intelligente Methoden, die einerseits wirksam, aber andererseits völlig giftfrei sind.

Hier sind fünf Strategien, die aufeinander aufbauen. Damit sind Sie in der Lage, machtvoll einen neuen Kurs einzuschlagen.

Anleitung
zur Entgiftung einer Schlangengrube

■ **Die klare Entscheidung, nicht mehr mitzuspielen:** Am Anfang steht das eindeutige Nein. »Das will ich nicht mehr. Dabei mache ich nicht mehr mit.« Dieser Schritt ist von allen der schwerste. Denn damit tanzen Sie aus der Reihe. Zwar will in einem giftigen Milieu niemand das Gift, aber trotzdem verbreiten es alle. Und jeder hat gute Gründe dafür, die auf einen Nenner gebracht so lauten: Ich bin unschuldig. Die anderen (oder der andere) haben angefangen und ich wehre mich nur dagegen. Dadurch entstehen immer wieder Anlässe, weiterzukämpfen und Rache zu nehmen. Wenn Sie aus diesem Kreislauf aussteigen, dann sagen und zeigen Sie allen, dass es für Sie keinen Anlass mehr gibt, anzugreifen oder sich zu rächen. Sie hören auf, sich mit Schlangengruben-Methoden zu wehren. Ab jetzt kommen von Ihnen keine herabsetzenden Kommentare mehr, Sie tratschen nicht über andere, Sie halten sich aus Intrigen heraus. Das können nur Menschen, die über eine große persönliche Macht verfügen und eine starke Selbstachtung haben. Aber genau diese Selbstachtung sagt Ihnen deutlich, dass ein giftiges Milieu nicht der passende Rahmen für Sie ist.

Faire Kommunikation beruht auf einem grundsätzlichen Wohlwollen. Wenn das fehlt, hört jeder, was er hören will, um so zu beweisen, dass er im Recht ist und der andere nicht.

■ **Die Fähigkeit, sich gut zu schützen:** Turbulenzen, Aufregung, Drama gehören zum Klima in einer Schlangengrube. Lassen Sie sich in Zukunft davon nicht mehr anstecken. Es gibt dort immer Leute, die Kleinigkeiten aufbauschen, den Teufel an die Wand malen oder ihre schlechte Laune versprühen. Wenn es hoch hergeht, können Sie zwei Methoden sehr gut üben: Ihren unpersönlichen Zustand und Ihren Schutzschild. Stehen Sie ein wenig über den Dingen und beobachten Sie das aufgeregte Treiben aus einiger Distanz.

Wenn Sie etwas über den Dingen stehen, müssen Sie sich nicht mehr in die Dramen anderer Menschen verwickeln.

5. Strategie zur Unverwundbarkeit

Vielleicht finden Sie aus dieser leicht abgehobenen Position auch etwas Amüsantes in dem Ganzen.

■ **Korrigieren Sie andere, aber auf die faire Art:** Wenn Sie Kritik üben, dann achten Sie darauf, dass Sie nicht die Person angreifen, sondern nur klar sagen, was Sie falsch finden und verändert haben möchten. Überprüfen Sie dabei Ihre Sprache. Oft schleichen sich unbemerkt Formulierungen ein, die wie ein Angriff wirken. Z. B.: »Sag mal, bist du noch bei Trost? Wie konntest du nur so einen Blödsinn verzapfen?« Oder: »So einen Schwachsinn hätte ich Ihnen nie zugetraut.« Solche Äußerungen kommen ungefiltert direkt aus dem Bauch und sind mit einer ziemlichen Prise Ärger gewürzt. Schon deshalb ist diese Kritik unsachlich und sehr wahrscheinlich auch unwirksam. Wer so behandelt wird, macht dicht und geht in eine Abwehrhaltung. Deshalb hier mein Tipp: Filtern Sie den Unmut und den Ärger, der aus Ihrem Bauch kommt, und machen Sie sich klar, was Sie dem anderen sagen wollen. Bleiben Sie streng bei der konkreten Sache und wärmen Sie keine alten Kamellen auf. Statt nun lange darüber zu reden, wie und warum etwas schief gehen konnte, konzentrieren Sie sich besser darauf, wie der Fehler in Zukunft vermieden werden kann. Kein Herumwühlen im Versagen, sondern Lösungen suchen.

Kritisieren Sie andere Menschen erst, nachdem Sie mit Ihren eigenen Gefühlen ins Reine gekommen sind. Konzentrieren Sie sich auf die Verbesserung, die Sie sich wünschen, statt auf den Fehler, der gemacht wurde.

■ **Sagen Sie den anderen, wie Sie behandelt werden wollen:** Zeigen Sie deutlich, dass ein respektloser Tonfall bei Ihnen nicht mehr ankommt. Wenn Ihr Gegenüber ausfallend wird, verstehen Sie ihn einfach nicht. Steigen Sie aus dem Gespräch aus und machen Sie das, was Metakommunikation genannt wird. Reden Sie über die Art und Weise, wie gerade mit Ihnen geredet wurde. Damit wechseln Sie die Gesprächsebene und hören auf, über den Inhalt weiterzureden. Halten Sie zuerst kurz inne und gönnen Sie sich eine Auszeit. Schießen Sie nicht aus dem Bauch heraus zurück, sondern werden Sie sehr unpersönlich und etwas streng. Sehr gut sind jetzt ein bis zwei klare Sätze, die dem anderen zeigen, dass er oder sie zu weit gegangen ist. Keine langen Predigten, keine aufgebrachten Zurechtweisungen – nur kurz das Stoppschild hochhalten. Etwa so: »Was Sie da gesagt haben, kränkt mich. Ich möchte so nicht von Ihnen behandelt werden.« Oder: »Mit dem, was du da sagst, machst du mich schlecht. Es ist in Ordnung, wenn du eine andere Meinung hast, aber deswegen will ich nicht von dir beleidigt werden.« Halten Sie dabei Blickkontakt und schweigen Sie anschließend. Es ist in Ordnung, wenn Ihr Gegenüber jetzt herumzappelt und sich rechtfertigt. Er oder sie versucht nur das Gesicht zu wahren. Gehen Sie nicht auf die Ausflüchte ein, dann damit würden Sie sich wahrscheinlich in einen Kampf verwickeln. Notfalls wiederholen Sie einfach hartnäckig Ihre Forderung nach einer besseren Behandlung. Benutzen Sie dafür ruhig immer diese ben Sätze.

> *Wenn jemand Sie angreift oder beleidigt, dann sprechen Sie das direkt an. Sagen Sie klipp und klar, dass Sie so nicht behandelt werden möchten. Viele dunkle Machenschaften in der Kommunikation lösen sich in Luft auf, wenn sie ans Licht gezerrt werden.*

■ **Lernen Sie, zu vergeben und zu vergessen:** Wenn Sie ein deutliches Gefühl für Ihre persönliche Macht und eine hohe Selbstachtung haben, dann brauchen Sie keine Andenken an

5. Strategie zur Unverwundbarkeit

die Fehler von anderen. Hören Sie auf, Ungerechtigkeiten zu sammeln, und lassen Sie Ihre Wunden heilen. Steigen Sie aus dem aus, was Ihnen wehtut, und ziehen Sie einen Schlussstrich. Die Vergangenheit ist aus und vorbei. Sie existiert nur noch als Erinnerung in Ihren Gehirnwindungen. Und Sie bestimmen, was Sie mit Ihren Erinnerungen machen. Verwenden Sie sie nutzbringend: Ziehen Sie nur die Lehren aus Ihrer Vergangenheit, durch sie werden Sie freier und stärker. Und erfreuen Sie sich an allen Erinnerungen, durch die Sie mehr Energie tanken. Alles andere können Sie getrost der Zeit überlassen und langsam vergessen. Reisen Sie künftig mit leichtem Gepäck und belasten Sie sich nicht mit altem Groll. Dazu gehört auch, dass Sie den Menschen vergeben können, die Ihnen wehgetan haben. Und dass Sie sich bei denen entschuldigen, die Sie verletzt haben. Und dann nehmen Sie einen tiefen Atemzug und genießen Sie die frische Luft, die durch Ihre Lungen strömt.

Zeigen Sie Ihre persönliche Macht auch durch Ihr Auftreten: Gehen oder sitzen Sie aufrecht, die Schultern tief und breit. Halten Sie Blickkontakt zu Ihrem Gegenüber und machen Sie ruhige Bewegungen. Sprechen Sie langsam und eindringlich.

> *Vergebung befähigt uns, nicht in der Verletzung zu verharren. Sie versetzt uns in die Lage, uns zu fangen und weiterzuschreiten. Sie erlaubt uns, von Herzen und im Geiste rein und freundlich zu bleiben.*
>
> L. MICHAEL HALL

Diese fünf Strategien tragen erheblich dazu bei, eine Schlangengrube zu entgiften. Vielleicht denken Sie, dass das zu wenig ist, um das Verhalten anderer Menschen zu verändern. Aber Sie sind viel stärker, als Sie glauben, weil Sie dabei einen mächtigen Bündnispartner auf Ihrer Seite haben. Im tiefsten Inneren wissen alle, dass Respektlosigkeit und Schlechtmachen unserer menschlichen Würde widersprechen. Und genau diese Würde, die jeder in sich trägt, ist Ihr Verbündeter. Deshalb können Sie als Einzelner eine ganze Gruppe von Menschen entgiften.

Sie sind viel stärker, als Sie glauben. Denn Ihr Verbündeter ist die Würde, die jeder Mensch besitzt.

Hartnäckig aus der Reihe tanzen

Niemand will wirklich in einer Schlangengrube leben oder arbeiten. Aber die Beteiligten sind machtlos und finden den Ausstieg aus diesen unwürdigen Verhältnissen nicht. Sie haben genügend persönliche Macht, um das Ruder herumzureißen. Allerdings brauchen Sie dabei eine gewisse Hartnäckigkeit. Denn eine Schlangengrube, die ihrem Namen alle Ehre macht, wird versuchen, Sie wieder auf das niedrige Niveau herabzuziehen, um Ihre Standfestigkeit zu prüfen und um zu testen, ob es Ihnen mit der Würde auch wirklich ernst ist. Wenn Sie sich nicht mehr an Herabsetzungen, Tratsch und Intrigen beteili-

Wenn Sie aus der Reihe tanzen, werden Sie möglicherweise auf eine etwas rüde Art gebeten, doch so zu sein wie alle anderen. Antworten Sie darauf höflich und machtvoll mit einem klaren »Nein, danke«.

5. Strategie zur Unverwundbarkeit

> *Sie haben das Recht, sich von allem fern zu halten, was Ihnen schadet oder Sie kränkt.*

gen, dann werden Sie wahrscheinlich Sätze wie diese zu hören bekommen:

»Du sagst ja gar nichts mehr. Hast du Probleme oder sind wir dir nicht mehr fein genug?«

»Ach, so ein bisschen lästern ist doch nicht schlimm. Stellen Sie sich doch nicht so an.«

»Oh, jetzt haben wir aber unsere moralischen fünf Minuten. Soll ich schon mal einen Priester rufen?«

»Früher konnte man mit dir noch normal reden. Aber jetzt bis du richtig arrogant geworden. Wahrscheinlich hältst du dich für was Besseres.«

Egal, welche Kommentare Sie ernten, bleiben Sie beharrlich bei Ihrer Entscheidung: Schluss mit giftig. Sagen Sie klipp und klar, wozu Sie sich entschlossen haben. Etwa so:

> *So bleiben Sie hartnäckig, ohne sich aufzuregen: Reden Sie in kurzen, sehr verständlichen Sätzen. Wiederholen Sie einen Satz wieder und wieder – wie einen Werbespot, der öfter gesendet wird. Dabei müssen Sie sich nicht aufregen oder lauter werden. Es reicht, wenn Sie daran denken, dass ein winziger, aber steter Tropfen einen ganzen Stein aushöhlen kann.*

»Ich mag diese Sticheleien nicht.«
»Ich finde dieses Lästern überflüssig.«
»Dieses Schlechtmachen will ich nicht mehr.«

Nur eine knappe, verständliche Ansage – das reicht. Sie werden es ohnehin öfter sagen, nämlich so lange, bis Ihr Gegenüber merkt, dass es Ihnen wirklich ernst damit ist.

Sprechen Sie, ohne anzuklagen, ohne herumzujammern. Bleiben Sie unpersönlich und gut geschützt. Das Wort »Ich« zeigt, dass es sich um Ihre Meinung und Ihre Entscheidung handelt. Das ist wirksamer, als wenn Sie den anderen eine moralische Gardinenpredigt halten. Letztlich können Sie andere Menschen nur dann überzeugen, wenn Sie selbst auch glaubwürdig sind, also sich selbst auch an das halten, was Sie verkünden. Und geben Sie nach dem ersten Versuch nicht gleich auf. Eine Schlangengrube kann ein sehr nützlicher Ort sein, um dort Ihre persönliche Macht zu trainieren. Und zu dieser Macht gehört auch die Fähigkeit, stur zu sein, wenn Sie etwas erreichen wollen.

An dieser Stelle möchte ich noch eine wichtige Anmerkung machen. Falls Sie irgendwo gelandet sind, wo Menschen nicht nur giftig, sondern auch gewalttätig werden, dann gelten diese ganzen Entgiftungstipps nicht mehr. Dann heißt es: Sofort weg.

Raus aus der Schlangengrube

Es gibt auch Schlangengruben, die ihrerseits sehr, sehr hartnäckig sind. In solchen Fällen ist es sinnvoll zu überprüfen, ob es nicht besser ist, das Milieu tatsächlich zu verlassen. Ich denke da an einen jungen Journalisten, der in einer Zeitungsredaktion gelandet war, in der – wie er sagte – das Hauen und Stechen zum Redaktionsalltag gehört. Er wollte einen erträglichen Umgangston durchsetzen und diskutierte darüber sehr intensiv mit seinen Kollegen und dem Chefredakteur. Alle waren durchaus verständnisvoll und fanden, dass sich etwas ändern müsste. Tatsächlich aber verbesserte sich nichts, es wurde sogar noch schlimmer. Als die Auflage der Zeitung sank und einige Anzeigenkunden absprangen, drohte die Verlagsleitung mit Entlassungen. Die Ressortleiter erhöhten den Druck auf ihre Leute. Das Betriebsklima wurde immer unerträglicher. Der junge Journalist kam mit seinem Anti-Schlangengruben-Programm nicht mehr weiter: »Zurzeit halte ich jeden Tag einfach nur durch. Bis zum Feierabend. Dann kann ich endlich aufatmen. Ich habe alles versucht, aber jetzt bin ich mit meinem Latein am Ende. Ich bin regelrecht abgekämpft und ausgelaugt«, sagte er mir bei einem Treffen. Wenn Sie Ihre persönliche Macht eingesetzt haben, um eine Schlangengrube zu entgiften, aber über längere Zeit kaum Erfolg hatten, dann stehen Sie vor der Frage: Was hab ich hier noch zu suchen? Sicher ist, dass Sie in keine Schlangengrube gehören. Wenn Sie – aus welchen Gründen auch immer – in einer gelandet sind, dann ist das Ihr Trainingsplatz, auf dem Sie Ihre persönliche Macht stärken. Ändert sich langfristig aber nichts, dann ist es Zeit, sich nach einem wohltuenden Milieu umzusehen. Kurzum: Packen Sie Ihre Sachen und gehen Sie. Der junge Journalist wusste das auch. Er hatte nur noch nicht den Mut gefunden, die letzte Konsequenz zu ziehen. In unserem Gespräch ging es darum, wie er einen guten Abgang hinbekommt. Nicht mit gesenktem Kopf und als Verlierer, sondern in Würde und in dem Bewusstsein, dass er seine persönliche Macht in dieser Redaktion enorm trainieren konnte. Und dass es zum Schluss auch machtvoll war, klar zu sagen: Hier gehöre ich nicht hin.

Wenn Schlangengruben zu irgendetwas gut sind, dann dafür, uns zu zeigen, wo wir wirklich hingehören und wo nicht. Manchmal ist es notwendig, dass wir unseren wunderbaren Teil der Seele schützen, indem wir radikal aus giftigen

> *Ein giftiges Milieu kann krank machen. Sorgen Sie dafür, dass Sie im Alltag genügend andere »Nährstoffe« zu sich nehmen. Dazu gehören: viel zum Lachen, Entspannung und gute Gespräche.*

Verschaffen Sie sich Respekt

Verhältnissen aussteigen und alles loslassen, was uns quält und unglücklich macht. Sicherlich ist das nicht immer einfach. Wir zahlen dafür einen Preis und nehmen eine Menge Unannehmlichkeiten auf uns. Aber manchmal ist die Aussicht, in unwürdigen Verhältnissen zu bleiben, bei weitem noch unangenehmer.

Fällt es Ihnen schwer, die richtige Entscheidung zu treffen? Am Ende ist es eine klare Rechnung, die Sie selbst aufstellen. Was wird es Sie kosten, weiterhin in der Schlangengrube zu bleiben? Wie viel Kraft brauchen Sie zum Durchhalten? Welchen Vorteil hat es für Sie zu bleiben? Und welches Risiko gehen Sie ein, wenn Sie Ihre Sachen packen und gehen? Wie viel Nerven, Geld und Zeit wird Sie dieser Entschluss kosten? Und welchen Vorteil erwarten Sie, wenn Sie weggehen? Wägen Sie die jeweiligen Kosten und den Nutzen gegeneinander ab. Dann treffen Sie Ihre Entscheidung. Was Sie jetzt noch brauchen, ist der Mut, das umzusetzen, was Sie selbst für richtig halten. Egal, ob Sie nun bleiben oder die Schlangengrube verlassen, tun Sie es mit einem starken Selbstwertgefühl und respektieren Sie vor allem sich selbst.

> *Der würdige Ausstieg aus der Schlangengrube: Treffen Sie Ihre Entscheidung und informieren Sie die Menschen, die es wissen müssen. Es reicht, wenn Sie Ihren Ausstieg begründen. Dabei ist es nicht nötig, dramatisch zu werden oder Krach zu schlagen. Ziehen Sie einen Schlussstrich und nehmen Sie alle Erfahrungen, Kontakte und Erinnerungen mit, die Sie behalten wollen. Den Rest lassen Sie dort.*

5. STRATEGIE ZUR UNVERWUNDBARKEIT

Entgiften Sie die Schlangengrube

■ Treffen Sie eine klare Entscheidung
Beenden Sie Ihre Beteiligung an jeder Herabsetzung. Hören Sie auf, andere Leute schlecht zu machen – auch im Spaß. Tratschen Sie nicht über andere, beteiligen Sie sich nicht mehr an Intrigen.

■ Schützen Sie sich gegen Turbulenzen und Drama
Gehen Sie in Ihren unpersönlichen Zustand und bauen Sie Ihren Schutzschild auf. Setzen Sie Ihre persönliche Macht ein und bleiben Sie beharrlich bei Ihrer Entscheidung – auch dann, wenn andere Sie deshalb angreifen oder über Sie spotten.

■ Bleiben Sie beharrlich
Erklären Sie kurz und deutlich, dass Sie sich an Sticheleien und am Schlechtmachen nicht mehr beteiligen. Wiederholen Sie diese kurzen Ansagen ruhig häufiger.

■ Kritisieren Sie andere fair, respektvoll und streng sachlich
Sammeln Sie sich vor dem Kritikgespräch und machen Sie sich klar, was Sie Ihrem Gegenüber sagen wollen. Konzentrieren Sie sich dabei auf die Lösung und die Verbesserung. Wühlen Sie nicht im Versagen herum.

■ Lassen Sie sich nicht zu lange quälen
Wenn Sie hartnäckig waren, aber über einen längeren Zeitraum nichts verändern konnten, dann überlegen Sie, ob es besser ist, die Schlangengrube ganz zu verlassen.

So machen Sie jeden Angriff wirkungslos

- → Wie Sie sich gegen Angriffe und dumme Sprüche gelassen wehren können
- → Kontra geben und Spaß dabei haben
- → Wie Sie jede negative Unterstellung umdrehen können
- → Konflikte offen ansprechen und klären
- → Die Macht der Wertschätzung

Eine wirkliche Nagelprobe für Ihre Unverwundbarkeit sind direkte Angriffe. Was sagen Sie, wenn jemand Sie mit Worten attackiert und Ihnen eine dumme Bemerkung an den Kopf wirft? Wie reagieren Sie auf Sticheleien? In solchen Situationen brauchen Sie ein paar gute Techniken für Ihre verbale Selbstverteidigung. Eine Art mündliche Judogriffe, mit denen Sie sich wehren können, ohne giftig zu werden. Über diese verbalen Judogriffe habe ich ein ganzes Buch geschrieben. Es trägt den Titel: *Die etwas intelligentere Art, sich gegen dumme Sprüche zu wehren.* Wenn Ihnen häufiger dumme Bemerkungen an den Kopf geworfen werden, dann lege ich Ihnen dieses

> *Wer Sie angreift, hat selbst ein Problem. Und das müssen Sie nicht übernehmen.*

6. Strategie zur Unverwundbarkeit

Buch sehr ans Herz. Dort finden Sie zwölf Strategien, mit denen Sie gelassen Kontra geben können. Ich möchte Ihnen hier einige einfache Kontra-Strategien zeigen, die besonders in einem giftigen Milieu wirksam sind. Mit ihnen können Sie sich wehren, ohne selbst giftig zu werden. Zugleich haben diese Strategien auch den Vorteil, dass sie Spaß machen. Denn warum sollten Sie schlechte Laune bekommen, nur weil jemand Ihnen eine dumme Bemerkung an den Kopf wirft? Bedenken Sie, wer Sie angreift, hat selbst ein Problem. Und das müssen Sie nicht übernehmen und zu Ihrem eigenen machen. Sie können Ihre Unverwundbarkeit enorm erhöhen, wenn Sie Ihre Meinung zum Thema Unsachlichkeiten und Angriffe mit Worten bewusst verändern.

Ihr Angreifer will Sie provozieren. Sie sind nicht gezwungen, das Spiel mitzuspielen und sich provozieren zu lassen. Wenn Sie jedoch darauf antworten, dann so, dass Sie eine Menge Spaß dabei haben.

Lassen Sie sich nicht provozieren

Falls Sie bisher der Ansicht waren, Sie müssten sich in jedem Fall wehren und kräftig Kontra geben, dann habe ich für Sie jetzt ein paar Methoden, die nicht so viel Kraft kosten. Damit sparen Sie nicht nur Energie, sondern Sie verlassen auch das ziemlich primitive Niveau des Schlagabtausches. Mit diesen Antwortstrategien zeigen Sie Ihrem Angreifer sehr deutlich, wie Sie behandelt werden wollen. Er oder sie merkt ganz schnell, dass Sie für unterirdische Attacken nicht zur Verfügung stehen. Am besten funktioniert das, wenn Sie zugleich in Ihren unpersönlichen Zustand gehen und Ihren Schutzschild aufbauen. So zeigen Sie mit Ihrer gesamten Ausstrahlung, dass Sie über den Dingen stehen und sich nicht auf solche Albernheiten einlassen.

> *Machen Sie Ihrem Angreifer klar, dass er mit seiner dummen Bemerkung bei Ihnen nicht landen kann. Zeigen Sie ihm deutlich: Kein Anschluss unter dieser Nummer.*

Hier nun die etwas intelligenteren Antwortstrategien bei Sticheleien, Unsachlichkeiten und dummen Bemerkungen:

Wie Sie auf dumme Bemerkungen gelassen reagieren können

Ignorieren Sie die dumme Bemerkung

Alles, was nur so dahingeplappert wird, können Sie getrost vergessen. Bemerkungen, die nebenbei fallen gelassen werden: einfach überhören. Die seltsamen Äußerungen anderer Menschen gehen Sie nichts an. Sie müssen nicht hinhören, Sie müssen nicht darauf antwor-

6. Strategie zur Unverwundbarkeit

Für viele Angreifer ist das die härteste Strafe: völlig ignoriert zu werden.

ten. Besonders wenn Sie nicht einmal direkt angesprochen werden, wie im folgenden Beispiel: Jemand hat Mühe, in einem Kaufhaus an Ihnen vorbeizukommen, und der Betreffende murmelt dabei vor sich hin: »Einige Leute machen sich überall dick. Die nehmen einfach keine Rücksicht.« Ziehen Sie sich diesen Schuh nicht an. Das galt nicht Ihnen, sondern »einigen Leuten«. Deshalb: keine Reaktion, einfach darüber hinweghören.

● Verderben Sie dem Angreifer das Erfolgserlebnis

Der Angreifer hat nur eine Möglichkeit, zu erkennen, ob er erfolgreich war: Ihre Reaktion. Wenn Sie sich getroffen fühlen, ärgerlich werden und zurückschießen, dann hatten seine Worte die gewünschte Wirkung. Und in dem Moment hat der Angreifer bereits gewonnen.

Verschwenden Sie niemals Ihre Auffassungsgabe. Ab jetzt verstehen Sie Ihren Angreifer einfach nicht mehr.

Deshalb: Bleiben Sie ruhig. Wenn es eine Attacke war, die Ihnen die Sprache verschlagen hat, dann verstehen Sie absichtlich kein Wort. Fragen Sie Ihren Angreifer, wie er das gemeint hat. Und während der sich eine Erklärung aus den Fingern saugt, können Sie sich in Ruhe überlegen, wie Sie reagieren wollen.

Wie beispielsweise Inge, die einzige Frau bei der wöchentlichen Abteilungsleiterbesprechung. Als dort ein Thema heftig diskutiert wurde, erläuterte Inge, warum sie dagegen sei, dass eine bestimmte Veränderung hintenherum eingeführt wurde, statt die Mitarbeiter offen darüber zu in-

So machen Sie jeden Angriff wirkungslos

formieren. Die Formulierung »hintenherum« hat einer der Herren aufgegriffen und zu Inge gesagt: »Ach geben Sie doch zu, Sie treiben es doch gern von hinten.« Inge wurde knallrot und war absolut sprachlos. Aber sie nutzte ihre Sprachlosigkeit, um sich ein wenig

> *Wer fragt, der führt. Also stellen Sie Ihrem Angreifer ein paar Fragen und führen Sie ihn damit an der Nase herum.*

dumm zu stellen. Sie antwortete verdutzt: »Ich habe das nicht verstanden. Bitte, was meinen Sie genau mit ›es von hinten treiben‹?« Der Mann lachte und sagte mit süffisantem Unterton in die Runde: »Na, Sie wissen doch genau, was ich meine.« Alle schauten Inge an. Die hatte sich inzwischen wieder etwas gefangen und behielt den Kurs bei: »Nein, ich weiß das wirklich nicht. Vielleicht würden die anderen hier auch gern wissen, was das heißt, ›es von hinten treiben‹.«

Jetzt kam der Herr etwas ins Schleudern und sagte: »Das erkläre ich Ihnen später, unter vier Augen.« Aber da war es schon zu spät. Aus der Runde kam Gelächter und jemand rief: »Nein, das wollen wir jetzt alle wissen. Nun mal los, erklären Sie uns das.« Der Angesprochene zupfte nervös an seiner Krawatte und sagte: »Das ist doch albern. Lassen Sie uns zum Thema zurückkommen.« Inge nickte ihm zu, ergriff sofort das Wort und wiederholte noch einmal ihre Argumente.

> *Setzen Sie sich bei einem dummen Spruch nicht unter Druck. Ihr Angreifer hat gerade sein Schlechtestes abgeliefert. Sie müssen daraufhin nicht Ihr Bestes geben.*

Seitdem wurden ihr gegenüber keine anzüglichen oder zweideutigen Bemerkungen mehr gemacht. Die funktionieren nämlich nur, wenn der Angegriffene sie auch rich-

6. Strategie zur Unverwundbarkeit

tig versteht. Eine Anzüglichkeit, die erst haarklein, biologisch-technisch erklärt werden muss, ist unwirksam. Außerdem sind die anzüglichen Angreifer in der Regel etwas verklemmt und nicht in der Lage, sexuelle Vorgänge mit verständlichen Worten zu erläutern. Schon gar nicht vor Publikum.

Sie können Ihrem Angreifer den Erfolg verderben, wenn Sie sich keine Mühe mehr geben, eine dumme Bemerkung richtig zu verstehen. Etwas zu verstehen ist nämlich eine intelligente Leistung. Setzen Sie Ihre Intelligenz nur dort ein, wo es sich für Sie lohnt – nämlich dort, wo auch eine intelligente Kommunikation stattfindet.

● Werden Sie unberechenbar

Ein guter Jäger erlegt das Wild, indem er sich auf die Lauer legt und die Gewohnheiten der Tiere beobachtet. Nach einiger Zeit weiß er, wann und wo sie aus dem Dickicht herauskommen. Je berechenbarer das Verhalten der Tiere ist, desto leichter kann ein Jäger sie abschießen. Je berechenbarer Ihre Reaktionen sind, desto leichter können andere Menschen Sie treffen.

Wenn Sie Spaß haben wollen, dann verwirren Sie Ihren Angreifer.

Stellen Sie sich vor, ab jetzt kann niemand mehr genau vorhersagen, wie Sie auf eine dumme Bemerkung reagieren werden. Manchmal ignorieren Sie den Angriff und summen eine fröhliche Melodie. Manchmal bedanken Sie sich dafür und notieren sich die Bemerkung – keiner weiß wozu. Ein anderes Mal sagen Sie vollkommen ernst, wie sehr diese Bemerkung Sie verletzt hat. Bei dem nächsten blöden Spruch schauen Sie auf Ihre Armbanduhr und sagen dem Angreifer die falsche

So machen Sie jeden Angriff wirkungslos

Uhrzeit. Oder Sie treiben Ihren Angreifer in den Wahnsinn, indem Sie mit einer sehr wortreichen Ablenkung antworten: »Wo Sie das sagen, da fällt mir doch etwas ganz anderes ein. Vor drei Tagen gab es einen Film im Fernsehen, der hat mich wirklich beeindruckt. Oder war es vor vier Tagen? Na egal – jedenfalls ging es da um ein Ehepaar – oder waren die geschieden? Ach, ich es weiß nicht, aber die hatten ein interessantes Problem, und zwar ...« Und dann schütten Sie Ihren Angreifer mit Banalitäten zu, bis er nicht mehr weiß, warum er Ihnen eigentlich zuhört. Um den Angreifer abzulenken, hat sich das Thema Fernsehen bewährt. Gute Erfolge wurden auch mit den Themen »gruselige Operationen« und »schlimme Hauterkrankungen« erzielt.

> *Ein Angriff gegen Sie ist nicht vernünftig. Deshalb ist es vollkommen in Ordnung, wenn Sie darauf unvernünftig reagieren.*

Falls Ihr Angreifer Sie für verrückt hält, dann haben Sie gewonnen. Er ist enttäuscht, weil er nicht mehr weiß, wie er Sie treffen kann. Das Wort »verrückt« bedeutet eigentlich »außergewöhnlich«.

Natürlich weichen Sie von dem ab, was gewöhnlich ist. Gewöhnlich ist es, bei einem Angriff schlechte Laune zu kriegen, zurückzuschlagen und die Sache womöglich noch eskalieren zu lassen. Oder zu schweigen und sich dann stundenlang im Stillen darüber zu ärgern. Das ist gewöhnlich. Setzen Sie Ihre persönliche Macht ein, um aus dieser Gewohnheit auszubrechen. Viel-

> *Sie müssen nicht auf das eingehen, was der Angreifer zu Ihnen gesagt hat. Es ist Ihr gutes Recht, jederzeit ein neues Thema anzuschneiden.*

leicht verschenken Sie bei der nächsten Attacke Hustenbonbons.

● Die Siegerurkunde hochhalten

Werden Sie ärgerlich, wenn Ihnen jemand eine negative Eigenschaft anhängen will? Sie zum Beispiel als schlampig, egoistisch, verrückt oder dumm bezeichnet? Ab jetzt können Sie Ihre gute Laune behalten und eine Antwort geben, die den Angreifer verblüffen wird. Der rhetorische Trick besteht darin, dass Sie das Negative, was Ihnen untergeschoben wird, nicht bekämpfen, sondern freudig annehmen, als wäre es eine Siegerurkunde. Stellen Sie sich vor, Ihnen wird zum Beispiel Folgendes an den Kopf geworfen: »Du bist egoistisch.« Beantworten Sie die negative Zuschreibung »egoistisch« mit einem rhetorischen Dreisatz, der so klingt: »Freut mich, dass dir das auffällt. Ich habe lange geübt, um egoistisch zu werden. Wenn du willst, erkläre ich dir gern, wie du auch so werden kannst.« Das Schimpf- und Schandewort »egoistisch« wird zu einem Zustand, der gewollt ist. Noch ein Beispiel, das mir ein Jugendlicher erzählt hat. Unter seinen Freunden gab es einen Satz, der ihn wirklich genervt hat. Er lautete: »Sag mal, hast du ein Problem?« Immer wenn jemand widersprochen hat oder etwas nicht wollte, fiel der Satz: »Hast du ein

> *Wenn jemand Sie pauschal verurteilt, dann müssen Sie sich den Schuh nicht anziehen. Sie wissen, dass Sie kostbar sind, und das reicht.*

> *»Du bist aber eingebildet.« »Freut mich, dass dir das auffällt. Ich habe lange geübt, um so zu werden. Das schaffst du auch.«*

So machen Sie jeden Angriff wirkungslos

Problem?!« Was antwortet man darauf? Hier passt der Dreisatz mit Siegerurkunde: »Toll, dass du das gemerkt hast, denn früher, da hatte ich keine Probleme. Aber dann hab ich dazugelernt und jetzt hab ich auch ein Problem. Ich zeig dir gerne, wie du auch eins kriegen kannst.«

Freuen Sie sich auf die nächste dumme Bemerkung. Das ist die Gelegenheit für Sie, etwas Neues auszuprobieren.

Freuen Sie sich auf die nächste dumme Bemerkung, denn das wird für Sie eine hervorragende Gelegenheit zum Üben sein. Am besten, Sie wählen vorher schon mal ein bis zwei Kontra-Strategien aus, die Sie dann anwenden wollen. Dumme Sprüche kommen ja meistens ohne Vorankündigung und wir werden davon in der Regel überrascht. Versuchen Sie nicht, wie aus der Pistole geschossen zu antworten.

Setzen Sie sich nicht unter Druck. Schließlich ist das Ihre Übungszeit. Also: Wenn Ihnen ein dummer Spruch aus heiterem Himmel an den Kopf geworfen wird, dann halten Sie inne und verlangsamen Sie Ihre Reaktion. Überlegen Sie, welche Kontra-Strategie passen könnte, und erst dann antworten Sie. Falls Sie sich nicht entscheiden können oder Ihr Kopf plötzlich wie leer gefegt ist, dann bitten Sie den Angreifer, in einer Stunde noch mal vorbeizukommen, denn bis dahin hätten Sie eine passende Antwort gefunden.

Überlegt Kontra geben: Versuchen Sie nicht, wie aus der Pistole geschossen zu antworten. Halten Sie inne und reagieren Sie langsam. Lassen Sie Ihren Angreifer ruhig warten.

Meines Wissens nach gibt es auf der ganzen Welt keine Vorschrift, die Sie zwingt, sofort auf einen dummen

Spruch zu antworten. Falls Ihr Angreifer tatsächlich in einer Stunde wiederkommt, dann bitten Sie noch mal um den dummen Spruch und reagieren so, wie Sie es für richtig halten. Und lassen Sie sich nicht von einer verbalen Attacke die Laune verderben. Sie brauchen Ihre Energie für wichtigere Dinge. Ganz egal, wie Sie reagiert haben, wenn alles vorbei ist, dann üben Sie sich im Vergessen. Lassen Sie nicht zu, dass sich eine dumme Bemerkung in Ihren Gehirnwindungen festsetzt und dazu führt, dass Sie das Unangenehme in Gedanken immer wieder erleben. Was immer auch geschehen ist, jetzt ist es aus und vorbei. Klappen Sie den Deckel zu und schenken Sie Ihrer lieben Seele Ruhe.

Konflikte klären

Manchmal lohnt es sich, von der Spruchebene runterzukommen. Ständige Sticheleien und dumme Bemerkungen zeigen, dass in der Beziehung etwas nicht stimmt. Wenn Ihnen etwas an Ihrem Gegenüber liegt, wenn Sie mit dem Angreifer zusammenarbeiten, zusammenleben oder mit ihm befreundet sind, dann zahlt es sich aus, der Sache auf den Grund zu gehen. Was ist los zwischen Ihnen beiden? Was ist die Ursache für diese Störung? Gibt es einen unterschwelligen Konflikt? Oder ist das schon ein offener Kampf? Sprechen Sie bei passender Gelegenheit die Störung direkt an. Bitten Sie Ihr Gegenüber mit einfachen, kla-

Runter von der Spruchebene. Wenn andauernde Sticheleien das Klima vergiften, dann lohnt es sich, der Sache auf den Grund zu gehen. Sprechen Sie mit Ihrem Gegenüber die Störung offen an.

ren Worten um ein Gespräch unter vier Augen. Störungen kommen in den besten Familien, Firmen und Freundschaften vor und sind kein Beinbruch. Sie lassen sich beheben. Hier sind ein paar Tipps, was Sie tun können, um die Angelegenheit zu bereinigen.

Anleitung
zur Klärung von Konflikten

■ **Zuhören statt kämpfen:** Die wichtigsten Zutaten für ein gutes Gespräch sind: zuhören, den anderen aussprechen lassen und eine große Portion Geduld. Geben Sie nicht gleich auf, wenn Ihr Gegenüber Sie falsch versteht und nicht kapiert, was Sie meinen. Sagen Sie es noch einmal mit anderen Worten. Und falls er oder sie Ihnen ins Wort fällt, dann verteidigen Sie Ihr Rederecht und bitten Sie darum, dass Sie Ihre Sätze beenden können.

> *Konflikte sind kein Beinbruch und kommen überall vor, wo Menschen zusammenleben und zusammenarbeiten.*

■ **Aussprache statt Schuldzuschreibung:** Vermeiden Sie möglichst das Thema »Wer hat Schuld«. Wenn Schuld hin- und hergeschoben wird, dann verstärkt das die Störung, statt sie zu beheben. Besser ist es, wenn Sie darüber reden, was vorgefallen ist und wie Sie sich dabei gefühlt haben, was Sie verletzt hat und was Sie befürchten. Ermuntern Sie Ihr Gegenüber, das für sich auch auszusprechen.

■ **Klartext sprechen statt herumdrucksen:** Klärungsgespräche gehen manchmal schief, weil die Beteiligten keine deutlichen Worte dafür finden, was mit ihnen los ist und was

6. Strategie zur Unverwundbarkeit

Konflikte klären: Kommen Sie mit sich selbst ins Reine und stellen Sie fest, was Sie wollen. Wovon wollen Sie mehr und wovon weniger? Was wollen Sie überhaupt nicht mehr? Bringen Sie Ihre Wünsche in sehr klare, verständliche Worte.

Viele Konflikte lassen sich nicht in einem einzigen Gespräch klären. Bleiben Sie beharrlich und stellen Sie sich darauf ein, öfter über das gleiche Thema zu reden.

Jeder, der in unserem Leben eine längere Rolle spielt, ist immer auch ein Geschenk für uns. Leider verlieren wir das bei einem Streit meist aus den Augen.

sie wollen. Da gibt es nur nebulöse Andeutungen und das indirekte Winken mit Zaunpfählen. Im Grunde wird dann ein Dolmetscher gebraucht, der das in klare Aussagen übersetzt. Deshalb ist es sehr nützlich, wenn Sie zuerst mit sich selbst ins Reine kommen. Fragen Sie sich: Was ist los mit mir? Wie fühle ich mich? Was wünsche ich mir vom anderen? Sagen Sie das in klaren, einfachen Worten ohne Schnörkel.

■ **Vorwärts blicken statt alte Kamellen aufwärmen:** Sie führen das Gespräch, weil Sie in Zukunft noch etwas mit Ihrem Gegenüber zu tun haben wollen. Deshalb ist es sinnvoll, dass beide mehr nach vorn schauen, anstatt sich gegenseitig alte Fehler an den Kopf zu werfen. Über Vergangenes zu reden hat nur dann Sinn, wenn es dazu dient, die Gegenwart zu erhellen – also mehr Klarheit und Verständnis in die Sache bringt. Am Ende eines solchen Gespräches steht immer die Frage: Wie wollen wir in Zukunft miteinander umgehen? Um das herauszufinden, ist es sehr gut, wenn jeder seine Wünsche und Bedürfnisse offen auf den Tisch legt. Manchmal ist das alles zu viel für ein einziges Gespräch. Gehen Sie die Sache schrittweise an und gönnen Sie sich zwischendurch immer wieder eine Besinnungspause.

Von der Problemkiste zur Schatztruhe

Ich habe zum Schluss noch einen Geheimtipp für Sie. Menschen, die miteinander Probleme haben, vergessen bei all den Beziehungsstörungen manchmal etwas sehr Wichtiges. Der andere, der ihnen Schwierigkeiten bereitet, ist nicht nur eine wandelnde Problemkiste, er oder sie hat auch gute Seiten. Leider geraten diese vor lauter

Öffnen Sie die Schatztruhe: Reden Sie nicht nur über Fehler und Missverständnisse, sondern zeigen Sie Ihrem Gegenüber auch, was Sie an ihm oder ihr mögen.

Wechseln Sie von der Problemkiste zur Schatztruhe

6. Strategie zur Unverwundbarkeit

Kränkungen und Streitereien häufig aus dem Blickfeld. Jeder sieht nur noch, wie doof, wie unmöglich, wie verletzend der andere ist. Nun, der schwierige andere ist auch eine wandelnde Schatztruhe. Denn jeder, der in unserem Leben eine längere Rolle spielt, ist auch ein Geschenk für uns. Sonst hätten wir diese Person nicht bemerkt und zu ihr keinen Kontakt aufgebaut.

Wenn wir streiten, dann vergessen wir, was der andere uns schenkt oder geschenkt hat. Im Gegenteil: Oft entwerten wir sogar das, was wir am anderen mögen, oder die guten Zeiten, die wir zusammen hatten. Das ist tragisch. Wir wollen eigentlich vom anderen das Gute, aber sehen nur noch das, was problematisch oder störend ist. Ja, wir fixieren uns regelrecht auf die Schwierigkeiten, die wir eigentlich loswerden wollen. Unsere Wahrnehmung vom anderen wird immer einseitiger und verzerrter. Die Problemkiste bekommt einen enormen Einfluss, während die Schatztruhe immer mehr in Vergessenheit gerät. Konflikte, die so verlaufen, können den Beteiligten sehr ausweglos erscheinen. Nur noch Schwierigkeiten und nichts Gutes mehr. Durch das Streiten wird nichts geklärt, sondern es wird nur noch die Problemkiste gefüllt.

Mit Honig fängt man Fliegen, nicht mit Essig. Durch positive Verstärkung erreichen Sie oft mehr als mit harter Kritik oder ärgerlichen Ausbrüchen.

Jetzt der Geheimtipp: Hören Sie für einen Moment auf, weiter in der Problemkiste zu wühlen, und öffnen Sie die Schatztruhe. Suchen Sie nach dem, was Sie am anderen mögen oder früher gemocht haben. Suchen Sie nach Erinnerungen an gute Zeiten, an gemeinsame Erlebnisse, über die Sie gestaunt, gelacht oder sich gefreut haben. Welche Eigenschaften, Fähigkeiten oder Cha-

So machen Sie jeden Angriff wirkungslos

rakterzüge schätzen Sie am anderen? Womit hat er oder sie Ihr Leben bereichert? Und finden Sie den Mut, das dem anderen zu sagen? Es gehört viel persönliche Macht dazu, in kämpferischen Zeiten den anderen für einen Moment nicht als Gegner zu sehen, sondern als Geschenk. Aber dieser eine Moment kann beide aus der Sackgasse herausführen.

Gehen Sie einen Moment lang weg von den Schwierigkeiten und reden Sie über das, was Sie am anderen mögen. Erzählen Sie von den guten Zeiten und lassen Sie dabei Ihre Anerkennung leuchten.

Zum Beispiel so: »Ich habe es dir nie gesagt, aber ich habe immer deine lockere Art bewundert. Weißt du noch, als wir damals diesen Umzug hatten? Was habe ich mir für Sorgen darüber gemacht, ob wir den ganzen Kram rechtzeitig verpackt kriegen. Und du hast nur gesagt: »Wird schon klappen«, und dann haben wir zusammen eine Nachtschicht eingelegt. Du hast Brot, Käse und gute Musik besorgt und wir haben um Mitternacht zwischen den gepackten Kisten getanzt. Deine lockere Art hat mir oft geholfen.«

Keine Ahnung, wie der Gesprächspartner auf diese Anerkennung reagiert.

> *Trennen Sie die Person von ihrem Verhalten. Jeder von uns kann etwas Dummes, Kränkendes oder Unachtsames tun. Aber dennoch sind wir nicht das, was wir tun. Als Person sind wir immer wertvoll – egal, wie wir uns verhalten haben.*

Machen Sie keine Voraussagen, probieren Sie es aus. Und erwarten Sie nicht, dass Ihr Gegenüber nun auch sagt, was er oder sie an Ihnen schätzt. Oft sind Menschen in Konflikten so tief in der Problemkiste versunken, dass sie durch den Wechsel zur Schatztruhe völlig überrascht wer-

6. Strategie zur Unverwundbarkeit

den. Einige merken erst, wenn das Gespräch vorbei ist, dass es dort Anerkennung für sie gab. Also seien Sie nicht enttäuscht, wenn Ihr Gegenüber nicht sofort aus der Problemkiste herauskommt. Wichtig ist, dass Sie das Streitgespräch verwandelt haben. Auch Sie selbst verändern sich, wenn Sie in die Schatztruhe eintauchen. Sie werden ein bisschen glücklicher. Und für einen Moment kann sich das entfalten, was so lange gefehlt hat. Das, was Menschen zueinander bringt, wodurch Freundschaften entstehen, wodurch Liebe wächst und wodurch aus Fremden gute Nachbarn werden: Wertschätzung.

Wertschätzung für einen anderen Menschen beruht auf der Hochachtung, die wir für uns selbst empfinden.

Wertschätzung ist der Stoff, aus dem funktionierende Beziehungen gemacht werden. Wenn Menschen wissen, dass ihr Gegenüber sie anerkennt und schätzt, dann können sie eine Menge an schräger Kommunikation ertragen, ohne sich dadurch angegriffen zu fühlen. Fehlt die Wertschätzung aber, dann reicht schon eine hochgezogene Augenbraue, ein nach unten gezogener Mundwinkel und der Ofen ist aus. Die Kunst, eine Freundschaft, eine Partnerschaft oder eine gute Zusammenarbeit aufrechtzuerhalten, besteht darin, sich gegenseitig ehrliche Anerkennung zu zeigen und das auch in Krisenzeiten nie ganz aus dem Sinn zu verlieren. Diese gegenseitige Anerkennung muss nicht unbe-

Stellen Sie sich darauf ein, dass Sie manches ändern können, einiges aber auch nicht. Bei dem, was Sie ändern können, bleiben Sie hartnäckig am Ball. Eine heitere Gelassenheit hilft Ihnen, alles andere zu akzeptieren.

dingt mit Worten ausgedrückt werden. Sie kann sich auch in kleinen Gesten, in einem Lächeln, in einer nicht urteilenden Aufmerksamkeit oder einer Tasse Tee zeigen. Aber sie beginnt immer in unserem Geist – als Wertschätzung für uns selbst.

6. STRATEGIE ZUR UNVERWUNDBARKEIT

So machen Sie Angriffe wirkungslos

■ **Ignorieren Sie die dumme Bemerkung**
Wenn Sie nicht direkt angesprochen werden, dann müssen Sie auf eine dumme Bemerkung auch nicht eingehen. Das Gleiche gilt, wenn jemand Ihnen im Vorbeigehen einen dummen Spruch mit auf den Weg gibt. Immer wenn es sich um eine nebensächliche Stichelei handelt, gilt: Sich nicht darum kümmern und sofort vergessen.

■ **Verderben Sie dem Angreifer das Erfolgserlebnis**
Etwas zu verstehen, ist eine Intelligenzleistung. Hören Sie auf, Ihre Intelligenz an blöde Sprüche zu verschwenden, und verstehen Sie den Angreifer in Zukunft nicht mehr.

■ **Werden Sie unberechenbar**
Verwirren Sie Ihren Angreifer, indem Sie immer wieder überraschend reagieren. Beispielsweise so: Bedanken Sie sich für die Bemerkung und bitten Sie den Angreifer um noch eine. Oder notieren Sie sich den Spruch wortlos. Oder antworten Sie, indem Sie Ihrem Angreifer die falsche Uhrzeit nennen.

■ **Die Siegerurkunde hochhalten**
Geben Sie Kontra mit dem rhetorischen Dreisatz. Verwandeln Sie eine Unterstellung oder eine Abwertung in etwas, was Sie absichtlich wollen, wie zum Beispiel die negative Zuschreibung »Du bist egoistisch«. Der Dreisatz mit Siegerurkunde lautet:
»Freut mich, dass dir das auffällt. Ich habe lange geübt, um egoistisch zu werden. Wenn du willst, erkläre ich dir gern, wie du auch so werden kannst.«

Anstelle eines Nachwortes:

Pflücken Sie sich einen Stern vom Himmel

→ **Wie Ihr persönlicher Stern aussieht und wie Sie ihn vom Himmel holen**
→ **So kommen Sie aus der Geht-nicht-Sackgasse heraus**
→ **Wie Sie magnetisch die richtigen Informationen anziehen**
→ **Was Ihre Unverwundbarkeit mit Ihrem Stern zu tun hat**

Ich vermute, dass viele Nachworte in Sachbüchern das gleiche Schicksal erleiden wie die Einleitungen – sie werden häufig nicht gelesen. Ich gebe zu, dass ich diese Seiten auch oft auslasse. Hier würde jetzt an sich auch ein solches Nachwort stehen, bei dem ich nicht genau weiß, ob Sie das wirklich interessiert. Daher möchte ich Ihnen etwas anbieten, was Sie vielleicht sehr reizt, jetzt weiterzulesen. Etwas, das Ihnen hilft, noch mehr Unverwundbarkeit aufzubauen, und Sie zugleich glücklich macht. Es geht um das Sternepflücken.

Sie können noch mehr Unverwundbarkeit aufbauen, indem Sie sich Ihre Herzenswünsche erfüllen.

Anstelle eines Nachworts

Lassen Sie mich kurz erklären, was ich damit meine. Sich einen Stern vom Himmel zu pflücken heißt, sich einen Herzenswunsch zu erfüllen. Einen Traum zu verwirklichen, der Ihr Leben bereichern würde. Es ist weit mehr als ein Ziel, das Sie erreichen. Ziele sind wirklich nützlich. Aber sich ein Ziel zu setzen ist nicht das Gleiche, wie sich einen Stern vom Himmel zu holen. Ziele werden in der Regel von unserer pflichtbewussten Seite bestimmt. Beispielsweise wie bei einem jungen Medizinstudenten, den ich auf einer Fortbildung kennen gelernt habe. Als ich ihn nach seinen Zukunftsplänen fragte, sagte er, er wolle das Studium abschließen, eine Zeit im Krankenhaus arbeiten und sich dann mit einer eigenen Arztpraxis niederlassen. Das waren alles Ziele, es war aber kein einziger Stern dabei. Das habe ich nicht an seinen Worten erkannt, sondern an der Art, wie er gesprochen hat. Menschen, die von ihren Zielen berichten, klingen vernünftig, plausibel, nüchtern. Wenn es aber um einen Stern geht, dann verändert sich die ganze Sprechweise. Die Menschen strahlen. Sie erzählen begeistert. Oft kommt auch Leben in den Körper. Sie gestikulieren und bewegen sich mehr. Das, was der junge Medizinstudent erzählte, könnte für jemand anderen durchaus ein Stern sein. Aber für ihn war es das nicht. Dann fragte ich ihn, was er machen wollte, wenn er als Arzt genug Geld verdient hätte. Jetzt leuchteten seine

Ein Ziel dient in der Regel dazu, im Leben voranzukommen. Ein Stern bringt eine ganz andere, neue Qualität ins Leben.

Einen Stern vom Himmel zu holen ist wie eine Liebesaffäre mit dem Leben. Menschen, die von ihrem Stern erzählen, strahlen. Sie sind begeistert und lebendig.

Augen. Er lächelte und sagte mit einem tiefen Ausatmen: »Oh, wenn ich genug Geld habe, dann möchte ich mit einem Segelboot die Karibik durchkreuzen.« Und dann schwärmte er von den Stränden in der Karibik, von dem Meer und dem Wind. Er zog eine Zeitschrift aus seiner Tasche – eine Fachzeitschrift für größere Segelboote – und zeigte mir sein Traumschiff. Er sprach begeistert davon, wie es ist, den Wind in den Händen zu halten und das Meer unter sich zu fühlen. Jeder konnte klar erkennen: Das war sein Herzenswunsch, das war sein Stern. Alles andere waren Ziele, mit denen er seinen Lebensunterhalt verdienen wollte und die ihn letztlich zu seinem Stern bringen. Ich hatte keinen Zweifel daran, dass er das alles schaffen würde.

Unsere Sterne kommen aus einer tiefen Sehnsucht, die der wunderbare Teil unserer Seele in sich trägt.

Der Unterschied zwischen einem Ziel und einem Stern liegt in den Gefühlen. Das Ziel wird von unserem Kopf, unserer Vernunft festgesetzt. Daran ist nichts verkehrt. Im Gegenteil. Ein Ziel hilft uns, ein Dach über den Kopf, Boden unter die Füße und Essen auf den Teller zu bekommen. Wenn wir all das haben, können wir uns noch weitere Ziele stecken: vielleicht ein größeres Dach über dem Kopf, mehr Grund und Boden unter den Füßen und Kaviar auf dem Teller. Aber irgendwann kommt der Punkt, an dem sich der wunderbare Teil unserer Seele meldet. Seine Stimme ist die Sehnsucht, die uns zuflüstert, dass es da noch etwas anderes gibt, etwas, das wirklich himmlisch

Wenn Sie nur mittelmäßig zufrieden sind, obwohl es Ihnen eigentlich nicht schlecht geht, dann ist es Zeit, dass Sie sich Ihren Stern vom Himmel holen.

wäre, wenn wir es erreichen. Sterne werden aus einer tiefen Sehnsucht geboren, der Sehnsucht nach einem anderen, besseren Leben. Ein Stern macht uns glücklich, auch wenn wir ihn noch nicht vom Himmel geholt haben, sondern nur an ihn denken. Wenn Sie jetzt nicht genau wissen, ob es sich bei dem, was Sie planen, um einen Stern oder ein Ziel handelt, dann lassen Sie mich den Test machen. Ich würde mich mit Ihnen zusammensetzen und Sie bitten, mir von Ihren Plänen zu erzählen. Wenn Sie dabei ein Glitzern in den Augen haben und übers ganze Gesicht strahlen, dann handelt es sich um einen Stern.

Ihr Stern macht Sie glücklich, indem Sie nur an ihn denken und sich vorstellen, wie Ihr Leben sein wird, wenn Sie ihn erreicht haben.

Wenn Sie ganz sachlich darüber reden, was Sie erreichen wollen, ohne dass Sie dabei strahlen, dann ist es ein Ziel. Um es noch einmal ganz deutlich zu sagen: Ziele sind wichtig, um einen gewissen Lebensstandard zu erreichen. Und es gibt noch etwas anderes. Das ist eine Vision, die aus einem tiefen, inneren Bedürfnis entsteht.

Manche Menschen wollen Sterne erreichen, die für sie noch weit entfernt sind. Andere greifen nach etwas Naheliegendem. Ich finde es immer noch unglaublich, wie verschieden Sterne aussehen können. Für einige ist es das Schreiben eines Krimis, für andere, endlich Klavier spielen zu lernen. Oder ein Jahr lang durch Indien zu reisen oder eigene Kleider zu entwerfen oder ein Kind zu bekommen. Ich habe Menschen getroffen, deren Stern darin bestand, Imker zu werden oder auf einem Hausboot zu leben. Andere wiederum wollten Haus und Aktien verkaufen und in Irland Schafe züchten. Bei all diesen unterschiedlichen Plänen gibt es nur ein sicheres Erkennungszeichen dafür, ob es sich um einen Stern handelt: das Glück, das der Betreffende empfindet, wenn er an seine Pläne denkt und sich damit beschäftigt.

Ohne einen Stern kann das Leben sehr öde sein. Wir haben zwar ein Dach über dem Kopf und genug zu essen, dennoch sind wir nur mittelmäßig zufrieden. Irgendwie fehlt das Glück. Meistens machen wir unsere Probleme dafür verantwortlich. »Wenn ich das Problem nicht mehr hätte, dann wäre ich wirklich glücklich.« Aber Probleme können hartnäckig sein, und wenn wir eins gelöst haben, wachsen vielleicht zwei neue nach. Sollten wir uns also die Sache mit dem Glücklichsein abschminken? Nein. Glück entsteht ganz von selbst, wenn wir auf unseren Stern zugehen. Statt endlos in der Problemkiste zu wühlen, können wir dem folgen, wofür wir im Innersten erglühen. Etwas, das für uns glitzert, wovon wir fasziniert sind.

> *Statt endlos in der Problemkiste zu wühlen, folgen Sie dem, wofür Sie im Innersten erglühen.*

Wie sieht Ihr Stern aus?

Welche Sehnsucht hat der wunderbare Teil in Ihrer Seele? Was würden Sie von Herzen gern erleben? Was würden Sie von Herzen gerne sein? Vielleicht haben Sie sich beim Lesen schon an Ihren Stern erinnert. Wenn ja, dann überspringen Sie den nächsten Absatz. Dort geht es darum, herauszufinden, wie Ihr Stern aussieht. Wenn Sie aber keine oder nur eine verschwommene Vorstellung davon haben, wie Ihr Stern aussehen könnte, dann lassen Sie uns etwas mehr Klarheit in die Sache bringen. Die folgende kurze Anleitung hat es in sich. Sie besteht aus nur wenigen Sätzen,

Anstelle eines Nachworts

> *Das Wichtige bei einem Stern ist, dass Sie ihn als Bild, als eine Vision in sich tragen.*

für die Sie sich am besten sehr viel Zeit nehmen. Vielleicht ein freies Wochenende oder einen ganzen Tag, wenn Sie im Urlaub sind.
Es ist hilfreich, dabei allein zu sein und es sich gemütlich zu machen. Vielleicht liegen Sie auf dem Sofa oder sitzen unter einem Baum. Entspannen Sie sich und seien Sie offen für alles Wunderbare.

Anleitung zur Sternsuche

▪ Stellen Sie sich vor, Sie hätten Zauberkräfte (klingt ein bisschen wundersam, ist aber sehr hilfreich) und Sie könnten sich jetzt sofort Ihr Leben so hinzaubern, wie Sie es hundertprozentig gerne hätten. Mit allem Drum und Dran. Stellen Sie sich das einmal vor. Wie wäre Ihr Leben dann? Nehmen Sie sich Zeit dafür, denn es ist sehr gut möglich, dass Sie bekommen, was Sie sich wünschen. Wenn Ihr Wunsch lautet, »Millionen im Lotto zu gewinnen«, dann ist das nicht konkret genug. Wie würde Ihr Wunschalltag aussehen? Tag für Tag und Monat für Monat. Stellen Sie sich Ihr Wunschleben so detailliert wie möglich vor. Was tragen Sie für Kleidung, welche Menschen sind um Sie herum, was tun Sie so den ganzen Tag, was essen Sie, wo wohnen Sie, und was sehen Sie, wenn Sie aus dem Fenster schauen? Bleiben Sie ein wenig bei Ihrem hingezauberten Leben. Bei welcher Veränderung, die Sie sich gerade vorgestellt haben, ist Ihre Sehn-

> *Woraus ein Stern besteht: Ein Stern setzt sich zusammen aus einem brennenden Wunsch, einer süßen Dringlichkeit und einer mutigen Liebe.*

sucht am größten? Etwas anderes tun? Woanders leben? Andere Menschen und Beziehungen haben? Was wünschen Sie sich am meisten? Was wäre wirklich supertoll, wenn es für Sie Realität wird?

Wählen Sie das aus, was Sie für sich gestalten wollen. Was halten Sie für wunderbar und zugleich für machbar (vielleicht auch erst schrittweise)? Wählen Sie das aus, wofür Sie bereit sind, Zeit und Energie zu investieren. Malen Sie sich Ihren Stern so konkret wie möglich aus. Und spielen Sie dabei mit verschiedenen Möglichkeiten herum. Nehmen wir an, Ihr Stern wäre, dass Sie gern in einem Blockhaus an einem See leben würden. In Ordnung. Wie sieht das Haus aus? Wie groß ist es? Wie sieht die Inneneinrichtung aus? Wo steht es genau? Wie sieht der See aus? Ist er dicht am Haus oder weiter entfernt? Wollen Sie dort schwimmen, angeln und Boot fahren? Wie sieht das Grundstück aus? Wo stehen die Nachbarhäuser? Prüfen Sie diese Einzelheiten, probieren Sie in Gedanken verschiedene Möglichkeiten aus. Bringen Sie Ihren Stern dazu, dass er für Sie in den verschiedensten Facetten glitzert. Und gehen Sie nicht zu schnell zu der Frage über: »Wie erreiche ich das alles?« Sorgen Sie zuerst dafür, dass Sie Ihren Stern gründlich kennen lernen. Das Wie-schaffe-ich-

> *Verfeinern Sie Ihre Vorstellungskraft. Je besser Sie Ihren Stern innerlich sehen, fühlen, hören, riechen und schmecken können, desto leichter findet sich ein Weg, ihn zu erreichen.*

> *Das Einzige, was sicher ist, ist die Tatsache, dass sich alles ändert. Jeder Augenblick ist eine Chance, die Veränderungen herbeizuführen, die Sie sich wünschen.*

das wird für Sie leichter, wenn Sie Ihren Stern ganz in sich aufgenommen haben.

Was Sie sich von Herzen wünschen, ist auch machbar

Wirklich tragisch ist, dass manche Menschen ihren Stern beiseite gelegt haben, weil sie glauben, dass sie ihn niemals erreichen werden. Dennoch haben die meisten nie ganz aufgehört, davon zu träumen. Ihr Stern lässt sie nicht los. Alles, was diesen Menschen fehlt, ist ein wenig Bewegung im Kopf, ein paar andere Einsichten, und schon rückt ihr Stern wieder in greifbare Nähe. Wenn es für Sie einen glitzernden Stern gibt, dann gibt es in Ihnen auch die Kraft, sich diesen Stern vom Himmel zu holen. Darauf können Sie sich hundertprozentig verlassen. Ich möchte Ihnen zeigen, wie Sie Ihren Stern dichter heranholen können, damit er Ihnen nicht mehr so unmöglich erscheint.

Wenn Sie einen Stern haben, der für Sie glitzert, dann haben Sie auch die Kraft, ihn zu erreichen.

Stellen Sie sich vor, es gäbe eine Treppe mit vielen Stufen, die zu Ihrem Stern hinaufreicht. Für weit entfernte Sterne ist das eine lange Treppe mit kleinen Stufen. Für Sterne, die schnell erreichbar sind, eine kurze Treppe. Sie brauchen sich nicht zu verrenken oder einen großen Sprung zu machen. Sie können sich Stufe für Stufe Ihrem Stern nähern. Ganz bequem und in dem Tempo, das Ihnen gut tut.

Hierbei fällt mir Rosi ein, die anfangs glaubte, sie würde ihren Stern nie erreichen. Als ich Rosi das erste Mal traf, war sie 45 Jahre alt und arbeitete als Buchhalterin. Ihre bei-

Pflücken Sie sich einen Stern vom Himmel

Sie nähern sich stufenweise Ihrem eigenen Stern

den Kinder waren erwachsen, von ihrem Mann hatte sie sich vor fünf Jahren scheiden lassen. Sie lebte allein. Sie kam zu mir in die Einzelberatung wegen einer ganzen Reihe von Problemen mit Kollegen und ihrem Vorgesetzten. Es stellte sich schnell heraus, dass sie in einer Schlangengrube arbeitete. Ich trainierte mit ihr verschiedene Gesprächsstrategien, ihren unpersönlichen Zustand und den Schutzschild, damit sie ihre Schlangengrube entgiften konnte. Sie hatte damit durchaus Erfolg. Vieles änderte sich, aber es traten auch neue Probleme auf. Die Firma wurde umstrukturiert, die Buchhaltung bekam neue Computer, die nicht richtig funktionierten. Rosi war wieder in Turbulenzen verwickelt. Sie diskutierte, sie setzte sich durch, aber sie war dennoch unzufrieden. In einer Beratungsstunde sagte sie: »Ich glaube, ich muss meinen Job

Anstelle eines Nachworts

> *Es gibt Menschen, die davon überzeugt sind, dass die Umstände bestimmen, was sie erreichen können und was nicht. Diese Sichtweise finden wir in der Regel bei jenen, die nicht die Resultate erzielen, die sie wollen. Doch gibt es für beinahe jeden Menschen, der behauptet, seine Umstände hinderten ihn an der Realisierung seiner Wünsche, einen anderen mit den gleichen Umständen, der es dennoch geschafft hat.*
>
> ROBERT FRITZ

an den Nagel hängen und kündigen. Nicht wegen den ganzen Streitereien, sondern weil ich etwas Neues machen möchte. Ich bin seit über zwanzig Jahren Buchhalterin. Ich will nicht als Buchhalterin in Rente gehen. Es muss doch noch etwas anderes im Leben geben.«

Ja, für Rosi war es Zeit, sich einen Stern vom Himmel zu holen. Als ich sie fragte, was sie liebend gerne machen würde, wofür ihr Herz erglühte, wurde sie etwas verlegen. »Es ist etwas ganz anderes als Buchhaltung«, antwortete sie. »Na, dann mal raus damit«, sagte ich. Und dann legte Rosi los: »Ich möchte so gerne auf dem Land leben und als Tierärztin arbeiten. Ich möchte in einem alten Bauernhaus mit Schweinen und Gänsen leben und dann zu den Leuten fahren und den kranken Tieren helfen.« Dabei strahlte Rosi übers ganze Gesicht. Ich ermunterte sie, mehr darüber zu erzählen, und von Minute zu Minute wurde sie lebendiger. Aber am Schluss sackte sie zusammen und sagte leise: »Das wird ja doch nichts. Dafür müsste ich Tiermedizin studieren und ich habe nicht einmal Abitur. Und außerdem bin ich schon viel zu alt. Bis ich das Abitur nachgemacht habe und dann noch das lange Studium, das dauert alles viel zu lange. Dazu kommt, dass ich zwar ein bisschen Geld gespart habe, aber das reicht nicht, um einen Bauernhof zu kaufen. Das wird nie klappen.« Davon war ich allerdings nicht überzeugt. Wer einen Stern in sich trägt, der hat auch die Kraft, ihn zu verwirklichen. Manchmal hängen wir an unseren Stern das Etikett »Unmöglich zu bekommen«. Leider blockieren wir damit unsere Neugier und das Suchen nach Wegen und Möglichkeiten. Rosi tat das auch und wollte deswegen aufgeben, bevor sie überhaupt angefangen hat.

> *Sich den eigenen Stern vom Himmel zu pflücken gehört zu den bedeutendsten Fähigkeiten eines Menschen.*

Wie Sie aus der Sackgasse herauskommen

Wenn Sie mit Ihrem Stern auch in einer solchen Gehtnicht-Sackgasse stecken, dann haben Sie sich vielleicht auf das fixiert, was im Moment scheinbar nicht geht. Holen Sie Ihre Gedanken aus der Sackgasse heraus. Ich gebe Ihnen hier ein paar Tipps, wie Sie das hinbekommen.

Anstelle eines Nachworts

Anleitung: Den Stern greifbarer machen

■ Hinter jedem Stern steht ein ganz bestimmtes Lebensgefühl, um das es eigentlich geht. Dieses Lebensgefühl wollen wir mit unserem Stern erreichen. Wir entwickeln ganz konkrete Bilder und Vorstellungen, die bei uns dieses Gefühl auslösen. Aber diese Bilder können manchmal so sein, dass sie uns auf einen ganz bestimmten Weg oder ganz bestimmte Umstände festlegen. Wie bei Rosi, die glaubte, um Tieren helfen zu können, müsse sie unbedingt Tierärztin sein. Fragen Sie sich daher zuerst: Welches Lebensgefühl erzeugt mein Stern? Tauchen Sie einmal in das neue Gefühl ein. Spüren Sie, wie es sich anfühlt, wenn Ihr Traum Wirklichkeit geworden ist. Lassen Sie das Empfinden noch intensiver werden. Bleiben Sie dabei und fragen Sie sich, ob es andere Wege oder andere Umstände gibt, mit denen Sie dieses Lebensgefühl auch erreichen könnten. Lassen Sie Ihre Fantasie ein wenig spazieren gehen. Und keine Angst, wenn Ihnen nichts einfällt. Es kann sein, dass Ihnen einfach ein paar Informationen fehlen, was es alles auf der Welt gibt. Und es gibt unglaublich viel, von dem Sie jetzt noch nichts wissen. Bleiben Sie einfach innerlich neugierig und seien Sie offen für neue Ideen.

Es gibt ungeahnte Möglichkeiten, wie Sie das erreichen können, was Sie sich wünschen. Mit der Einstellung »Das geht nur so und nicht anders« machen Sie es sich unnötig schwer.

Übrigens konnte Rosi damit ihren »unmöglichen« Stern vom Himmel holen. Sie war offen für die Möglichkeit, dass es für sie noch andere Wege gab, ihren Stern zu erreichen. Zu diesem Zeitpunkt hatte sie allerdings nicht die geringste Ahnung, wie das geschehen könnte. Sich etwas von

Pflücken Sie sich einen Stern vom Himmel

Herzen wünschen, aber nicht wissen, wie man es erreichen kann – diesen Zustand nenne ich: mit dem Unbekannten tanzen. Rosi tanzte mit dem Unbekannten und hatte keine Ahnung, wie es weitergehen sollte.

Dann kam ihr der Zufall zu Hilfe. Sie wurde von ihrer Firma zu einer Computerschulung geschickt und lernte dort eine Frau kennen, die sich gerade ein Wochenendhaus auf dem Land gekauft hatte. Klar, dass Rosi sofort neugierig wurde. Das Haus war riesig und nachdem sich die beiden näher kennen gelernt hatten, vermietete die Frau Rosi ein Zimmer unterm Dach,

Viele Menschen kippen leicht von Ich-weiß-nicht in ein Das-geht-nicht. Wenn Sie noch nicht wissen, wie Sie etwas erreichen können, dann bleiben Sie einfach zuversichtlich und neugierig. Sie finden einen Weg. Ganz sicher.

fürs Wochenende oder zum Urlaubmachen. Dann passierte noch ein Zufall. Im Supermarkt am Zeitschriftenstand blätterte Rosi in ein paar Illustrierten herum und stieß dabei auf einen Artikel über Heilpraktiker für Tiere. Rosi kaufte die Zeitschrift und klemmte sich dahinter. Sie fand heraus, dass es tatsächlich eine Ausbildung gab, mit der sie Tierheilpraktikerin werden konnte. Mit ihren Ersparnissen machte sie die Ausbildung und später eine Zusatzausbildung auf dem Gebiet Homöopathie für Haus- und Nutztiere. Sie reduzierte ihren Buchhalterjob um die Hälfte und arbeitete zusätzlich als Tierheil-

Geben Sie dem Zufall eine echte Chance, dass er Sie findet. Kommen Sie in Bewegung, gehen Sie aus dem Haus, reden Sie mit anderen, holen Sie Informationen ein.

praktikerin. Anfangs nur nebenbei, aber dann riskierte sie den Sprung und machte sich selbstständig. Sie mietete sich ein kleines, altes Häuschen in dem Dorf, in dem sie anfangs das Zimmer unterm Dach gemietet hatte. Zum Einzug bekam sie von ihrem Nachbarn zwei Gänse geschenkt. Das war noch nicht ganz das alte Bauernhaus mit den Tieren, aber die Richtung stimmte. Sie begann, sich eine Existenz als Tierheilpraktikerin mit dem Schwerpunkt Homöopathie aufzubauen. Auf einer Postkarte schrieb sie mir: »Alles ist noch ein bisschen wackelig, wie das Haus, in dem ich wohne. Außerdem könnte ich ein paar Sterntaler gebrauchen.« Das Letzte, was ich von ihr gehört habe, war, dass es ihr finanziell besser geht. Und dass sie mit dem Gedanken spielt, Kurse für Haustierbesitzer zu geben, sodass die in der Lage sind, die kleineren Wehwehchen ihrer Tiere selbst zu behandeln.

Vielleicht können Sie nicht immer die nächste Stufe auf Ihrer Treppe zum Stern erkennen. Dann tanzen Sie eine Zeit lang mit dem Unbekannten. Aber solange Ihr Stern für Sie glitzert, wird der Zufall Sie auch finden. Sie werden Menschen treffen, die Ihnen helfen, und Informationen erhalten, die Sie weiterbringen. Wenn wir unseren Stern als Gefühl in uns wach halten, dann stellen wir damit eine Art innere Satellitenschüssel ein. Wir empfan-

Versinken Sie nicht im Alltagskram. Konzentrieren Sie sich auf das, was Sie Ihrem Stern ein winziges Stückchen näher bringt.

Was ist, wenn Sie Ihren Stern erreicht haben? Was immer Sie wollen: stilles Genießen, große Party, tanzen im Mondlicht, Sahnetorte bis zum Abwinken. Nehmen Sie das, was Sie erreicht haben, gebührend in Empfang. Es gehört Ihnen, als Beweis Ihrer schöpferischen Fähigkeiten.

gen das passende Programm und ziehen wie ein Magnet das an, was uns nützt. Also geben Sie dem Zufall eine Chance, sammeln Sie Informationen, gehen Sie nach draußen und reden Sie mit anderen Leuten. Aber halten Sie sich fern von Türmchenzerstörern.

> *Wenn es um Ihren Stern geht, dann können Sie von zwei Typen keine Hilfe erwarten: von Ihrem inneren Kritiker und einem Türmchenzerstörer.*

Die Karawane zieht weiter

Vielleicht können Sie sich jetzt schon sehr gut vorstellen, was Ihr Stern mit Ihrer Unverwundbarkeit zu tun hat. Ganz einfach: Sie konzentrieren sich auf etwas, was Sie glücklich macht. Das Sprichwort, das am besten dazu passt, lautet: Die Hunde bellen, aber die Karawane zieht weiter. Stellen Sie sich eine Karawane vor, die morgens in der Oase aufbricht, um einen kostbaren Stern zu holen. Während sich die Kamele in Bewegung setzen, laufen ihnen aufgeregte, kläffende Hunde hinterher. Würde die Karawane wegen der bellenden Hunde stehen bleiben? Natürlich nicht. Die Hunde bellen, aber die Karawane zieht weiter. Was bedeuten schon ein paar kläffende Hunde angesichts eines kostbaren Sterns?

> *Durch Ihren Stern werden Sie unverwundbarer, weil Sie sich auf das konzentrieren, was Sie wollen. Kläffende Hunde lassen Sie einfach hinter sich.*

Falls jemand Sie ankläfft, anknurrt oder sogar droht, Sie zu beißen, dann erinnern Sie sich daran, dass Sie auf dem Weg zu Ihrem Stern sind. Fühlen Sie das Gefühl, das Ihnen Ihr

Stern gibt. Und dann lassen Sie die kläffenden Hunde hinter sich. Gehen Sie auf das zu, was Sie wirklich wollen. Dabei wünsche ich Ihnen von ganzem Herzen viel Vergnügen und glitzernde Zeiten.
Bleiben Sie wunderbar.

Literatur

BERCKHAN, BARBARA: *Die etwas gelassenere Art, sich durchzusetzen. Ein Selbstbehauptungstraining für Frauen.* München, 16. Aufl. 2000

BERCKHAN, BARBARA: *Die etwas intelligentere Art, sich gegen dumme Sprüche zu wehren. Selbstverteidigung mit Worten. Ein Trainingsprogramm.* München, 14. Aufl. 2000

BERCKHAN, BARBARA/KRAUSE, CAROLA/RÖDER, ULRIKE: *Die erfolgreichere Art (auch Männer) zu überzeugen.* München 1999

CARLSON, RICHARD/BAILEY, JOSEPH: *Reg dich nicht auf.* München 1999

DAE POEP SA NIM: *Der Duft der Lotusblüte. Mitten im Alltag zu innerer Freiheit finden.* München 1999

DALAI LAMA: *Die Freude, friedvoll zu leben und zu sterben. Zentrale tibetisch-buddhistische Lehren.* München 1998

DALAI LAMA: *Der Friede beginnt in dir. Wie innere Haltung nach außen wirkt.* Freiburg, Basel, Wien 1999

DEISSLER, KLAUS C.: *Sich selbst erfinden? Von systemischen Interventionen zu selbstreflexiven therapeutischen Gesprächen.* Münster, New York, München, Berlin 1997

Literatur

DE JONG, PETER/BERG, INSOO KIM: *Lösungen (er-)finden. Das Werkstattbuch der lösungsorientierten Kurztherapie.* Dortmund, 2. Aufl. 1999

DULABAUM, NINA L.: *Mediation: Das ABC. Die Kunst, in Konflikten erfolgreich zu vermitteln.* Weinheim und Basel, 2. Aufl. 2000

FIELD, LYNDA: *Der Weg zu gutem Selbstwertgefühl. Eine Anleitung zu persönlichem Wachstum.* Paderborn 1998

FORD, DEBBIE: *Die dunkle Seite der Lichtjäger. Kreativität und positive Energie durch die Arbeit am eigenen Schatten.* München 1999

FORWARD, SUSAN/FRAZIER, DONNA: *Emotionale Erpressung. Wenn andere mit Gefühlen drohen.* München 1998

FRITZ, ROBERT: *Der Weg des geringsten Widerstandes. Lebensplanung mit NLP.* München 1997

FRITZ, ROBERT: *Creating. A guide to the creative process.* New York 1993

GILLIGAN, STEPHEN G.: *Liebe dich selbst wie deinen Nächsten. Die Psychotherapie der Selbstbeziehung.* Heidelberg 1999

GLASL, FRIEDRICH: *Selbsthilfe in Konflikten. Konzepte – Übungen – Praktische Methoden.* Stuttgart 1998

HALL, MICHAEL L.: *Der Sieg über den Drachen – Königswege zum Selbstmanagement. Das Handbuch zum Meta-Stating. Angewandtes NLP.* Paderborn 1999

JULI, DIETMAR/SCHULZ, ANGELIKA: *Stressverhalten ändern lernen. Vorbeugung und Hilfe bei psychosomatischen Störungen und Krankheiten.* Reinbek bei Hamburg 1998

KÄSTELE, GINA: *Umarme deine Angst. Neun Helfer zur Verwandlung von Hilflosigkeit und Angst – das praktische Selbsthilfeprogramm.* Freiburg, 5. Aufl. 1999

KÖNIGSWIESER, ROSWITA/EXNER, ALEXANDER: *Systemische Intervention. Architekturen und Designs für Berater und Veränderungsmanager.* Stuttgart, 4. Aufl. 1999

KRISHNAMURTI, JIDDU: *Der unhörbare Ton. Briefe über die Achtsamkeit.* München 1993

KUNDTZ, DAVID: *Stopping. Anhalten zum Durchhalten.* Stuttgart 1999

LAMA ZOPA RINPOCHE: *Probleme umwandeln. Wie du glücklich sein kannst, wenn du es nicht bist.* München, 2. Aufl. 1997

MASSOW, MARTIN: *Gute Arbeit braucht ihre Zeit. Die Entdeckung der kreativen Langsamkeit.* München 1999

O'CONNOR, JOSEPH/MCDERMOTT, IAN: *Die Lösung lauert überall. Systemisches Denken verstehen und nutzen.* Kirchzarten bei Freiburg 1998

PETERS, TOM: *Der Innovationskreis. Ohne Wandel kein Wachstum – wer abbaut, verliert.* Düsseldorf und München 1998

PEURIFOY, RENEAU Z.: *Angst, Panik und Phobien. Ein Selbsthilfe-Programm.* Bern 1993

PHILLIPS, MAYA/COMFORT, MAX: *Das A bis Zen für ein erfülltes Leben. Emotional Mapping – der direkte Weg zur Steigerung Ihrer emotionalen Intelligenz.* Reinbek bei Hamburg 1998

PHILLIPS, NICOLA: *Reality hacking. Unusual Ideas and Provocations for Reinventing your Work.* Oxford 1997

POONJA, H. W.: *Der Gesang des Seins.* München 1997

REDLICH, ALEXANDER/ELLING, JENS R.: *Potential: Konflikte. Ein Seminarkonzept zur Konflikt-Moderation und Mediation für Trainer und Lerngruppen. Mit Übungsmaterial und 10 Fallbeispielen.* Hamburg 2000

SATIR, VIRGINIA: *Kommunikation, Selbstwert, Kongruenz. Konzepte und Perspektiven familientherapeutischer Praxis.* Paderborn 1990

SCHULZ VON THUN, FRIEDEMANN: *Miteinander reden 3. Das »Innere Team« und situationsgerechte Kommunikation.* Reinbek bei Hamburg 1998

SELBY, JOHN: *Arbeiten ohne auszubrennen. Spirituelle Techniken für den Berufsalltag.* München 1999

SEGAL, JEANNE: *Fühlen will gelernt sein. Ein Praxisbuch zur Entwicklung emotionaler Intelligenz.* München 1997

STONE, HAL und SIDRA: *Du bist richtig.*
Mit der Voice-Dialogue-Methode den inneren Kritiker
zum Freund gewinnen. München 1996

WILSON, PAUL: *Wege zur Ruhe. 100 Tricks und Techniken*
zur schnellen Entspannung. Reinbek bei Hamburg 1996

WITTEMANN, ARTHO: *Die Intelligenz der Psyche.*
Wie wir ihrer verborgenen Ordnung auf die Spur kommen.
München 2000

Wenn Sie sich für Seminare oder Einzelcoachings
interessieren, finden Sie weitere Informationen unter:

www.profitraining-online.de

Das *Powerpack* für mehr *Gelassenheit!*

Mit Kritik selbstsicher fertig werden – wer wünscht sich das nicht?

Barbara Berckhan zeigt in diesem Buch einfache, aber sehr wirksame Strategien, wie Sie konstruktiv mit Kritik umgehen können, um in allen Situationen souverän zu reagieren.
Auf der dem Buch beiliegenden CD können Sie Barbara Berckhan live erleben. Profitieren Sie von ihren cleveren Tipps!

Kompetent & lebendig.
PSYCHOLOGIE & LEBENSHILFE

Kösel-Verlag München
www.koesel.de, e-mail: info@koesel.de

Barbara Berckhan
Keine Angst vor Kritik
So reagieren Sie souverän
Powerpack: Buch und CD
Buch: 100 Seiten. Klappenbroschur
CD: Laufzeit 30 Minuten
Kösel-Verlag München
ISBN 3-466-30608-6

Barbara Berckhan

Bewährte Strategien für mehr Selbstvertrauen und Souveränität

08/5366

Die etwas intelligentere Art, sich gegen dumme Sprüche zu wehren
Selbstverteidigung mit Worten
08/5366

Die etwas gelassenere Art, sich durchzusetzen
Ein Selbstbehauptungstraining für Frauen
08/5415

So bin ich unverwundbar
Sechs Strategien, souverän mit Ärger und Kritik umzugehen
08/5439

Barbara Berckhan/
Carola Kraus/
Ulrike Röder
Die erfolgreichere Art (auch Männer) zu überzeugen
Frauen überwinden ihre Redeangst
08/5390

Doris Märtin

»*Doris Märtins Plädoyer für den Small Talk als Synonym für ›soziale Fellpflege‹ macht Spaß: weil die Regeln fürs kleine Gespräch flexibel und situationsbezogen, aber keineswegs kompliziert erklärt werden.*«
Neue Zürcher Zeitung

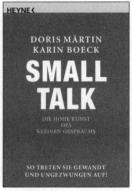

22/385

Small Talk
Die hohe Kunst
des kleinen Gesprächs
22/385

Doris Märtin/
Karin Boeck
*Die sanfte Macht
der leisen Töne*
Mit Einflussnahme zum Erfolg
22/418

Erfolgreich texten!
Für Beruf und Studium.
Strukturiert, wortstark,
ideenreich. Über 2000
Beispiele und Übungen
08/5438

Ultimative Spielregeln für Liebe und Erfolg

»Diese Bücher sind Paradebeispiele für inspiriertes Schreiben: klug, allgemeingültig und tief empfunden.«
   Publishers Weekly

Chérie Carter-Scott
Wenn die Liebe ein Spiel ist, sind dies die Regeln
19/821

Chérie Carter-Scott
Wenn Erfolg ein Spiel ist, sind dies die Regeln
40/431

»Das alte Thema hat wieder Zündstoff bekommen.«
   Süddeutsche Zeitung

»Eine Art Knigge für die glückliche Beziehung...«
   Sonntag Aktuell

19/821

HEYNE

Nützliches rund um die deutsche Sprache

Eine Auswahl:

Krüger-Lorenzen
Deutsche Redensarten und was dahinter steckt
19/764

Dieter E. Zimmer
So kommt der Mensch zur Sprache
Über Spracherwerb, Sprachentstehung, Sprache & Denken
19/310

Doris Märtin
Erfolgreich texten
Für Beruf und Studium. Strukturiert, wortstark, ideenreich. Über 200 Beispiele und Übungen
08/5438

19/764